AF311662

TRAITÉ

ENTRE

LE ROY,

ET S. A. R.

LE DUC DE LORRAINE.

Conclu à Paris, le 21. Janvier 1718.

A PARIS,

Chez FRANÇOIS FOURNIER, rue Saint-Jacques,
aux Armes de la Ville.

____

M. D CC XVIII.

AVEC PRIVILEGE DU ROY.

LOUIS PAR LA GRACE DE DIEU, ROY DE FRANCE ET DE NAVARRE : A tous ceux qui ces presentes Lettres verront, SALUT. Comme nôtre amé & feal le Sieur Dominique de Barberie, Chevalier Seigneur de Saint-Conteſt & autres lieux, Conſeiller en nôtre Conſeil d'Etat, & nôtre amé & feal le Sieur Henry-François de Paule le Fevre, Chevalier-Seigneur d'Ormeſſon, Amboille & autres lieux, Maître des Requeſtes ordinaire de nôtre Hôtel, nôtre Conſeiller en nôtre Conſeil des Finances, nos Commiſſaires & Députez aux Conferences qui ſe ſont tenues pour regler & terminer tout ce qui reſtoit à executer à l'égard de nôtre tres-cher & tres-amé Frere le Duc de Lorraine, conformément & en execution des Traitez de Paix de Riſvvick & de Baden, en vertu des Pleins-pouvoirs que Nous leur en avions donnez, avoient conclu, arrêté & ſigné le 21. du preſent mois de Janvier à Paris, avec le Sieur Jean-Baptiſte Mahuet, Chevalier, Baron de Drouville, Seigneur de Sauley & autres lieux, Conſeiller d'Etat, premier Preſident de la Cour Souveraine de nôtredit Frere, & le Sieur François de Barrois, Chevalier, Baron de Manonville, Seigneur de

A ij

Kœurs & autres lieux , Conseiller d'Etat de nôtredit Frere , ses Envoyez Extraordinaires près de Nous , & ses Commissaires ausdites Conferences, aussi munis de ses pleins Pouvoirs , le Traité dont la teneur s'ensuit.

LE feu Roy de glorieuse memoire ayant toûjours eu à cœur de terminer & ajuster avec Monsieur le Duc de Lorraine, tout ce qui restoit à executer à son égard en consequence du Traité de Paix conclu à Risvvick le 30. Octobre 1697. Sa Majesté peu après ce Traité auroit nommé des Commissaires , pour avec ceux dudit Duc examiner tous les points , articles & difficultez dont il s'agissoit , à quoy ils se seroient respectivement employez pendant le peu de durée de cette Paix ; mais la matiere s'étant trouvée d'une longue discussion, la Guerre survenue entre les principales Puissances de l'Europe , n'auroit pas permis de continuer les Conferences tenues à ce sujet. La Paix n'eut pas plûtôt reparu par le Traité fait à Baden en 1714. que le feu Roy continuant dans le même desir , & en execution de l'Article XII. de ce dernier Traité , auroit fait reprendre la négociation en 1715. en la Ville de Metz. Les Commissaires du Roy & du Duc y travailloient depuis plusieurs mois , & selon toute apparence ils l'auroient heureusement terminée ; mais ayant plu à Dieu au mois de Septembre de la même année, d'appeller à soi le feu Roy , elle fut encore interrompue jusqu'au commencement de l'année 1716. que le Roy auroit à l'imitation du feu Roy son Bisayeul , & de l'avis de son Altesse Royale Monsieur Philippes Duc d'Orleans , Petit-Fils de France , Oncle du Roy , Regent du Royaume , fait reprendre & continuer les Conferences pendant le cours des années 1716.

& 1717. Et comme par le XXVIII. Article du Traité de
Rifvvick, le Duc de Lorraine pour lui, ses hoirs & successeurs, doit être rétabli dans la libre & pleine posséf-
sion des Etats, Lieux & Biens, que le Duc Charles son
grand Oncle paternel possedoit en 1670. lorsqu'ils furent occupez par les Armes du feu Roy, à l'exception
néanmoins des changemens portez audit Traité de Risvvick. Qu'après une précedente & longue occupation du
même pays par les Armes de Sa Majesté, commencée
vers l'année 1633. il avoit été passé à Vincennes un Traité
entre le feu Roy & le feu Duc Charles le dernier Fevrier 1661. par le XIX. Article duquel il avoit dû être
rétabli dans tous ses Etats & Seigneuries, même dans
les Villes, Places & Pays qu'il avoit autrefois possedés,
dépendant des trois Evéchez de Metz, Toul & Verdun,
& generalement dans tout ce dont jouissoit son prédé-
cesseur le dernier Duc Henry lors de son decès arrivé
en 1624. & qui pouvoit lui appartenir à titre de succession, échange ou acquisition, à la réserve de ce qui par
ce Traité de 1661. a été uni, incorporé, & doit demeurer à la Couronne de France. Que sur l'execution de ce
Traité étant survenu plusieurs difficultez, il en fut arrêté & signé un autre entre le feu Roy & ledit Duc
Charles le dernier Août 1663. par lequel il est porté qu'il
seroit nommé au plûtôt des Commissaires de part &
d'autre pour regler les difficultez qui étoient survenues
depuis la signature du Traité du dernier Fevrier 1661.
sur l'execution d'icelui, & nommément touchant les
Abbayes de saint Epure & de saint Mansuy, Phalsbourg,
Marquisat de Nomeny, & Saint Avold, & autres lieux;
lesquelles difficultez n'ont cependant jamais pû être terminées à cause de la seconde occupation de la Lorraine

par les Armes du Roy en 1670. temps auquel le Duc
Charles faifoit folliciter par fes Envoyez auprès du feu
Roy, la décifion d'icelles, & la pleine execution de ce
Traité, duquel & de celui de 1663. le Duc de Lorraine
a toûjours demandé l'execution en vertu de celui de
Rifvvick, comme répréfentant le feu Duc Charles fon
grand Oncle, & exerçant tous les droits & actions ré-
fultans defdits Traitez : A quoy les Commiffaires du
Roy ayant fait difficulté, prétendans oppofer une fin de
non-recevoir tirée du Traité de Rifvvick contre ceux de
1661. & de 1663. en ce que ledit Duc ne pouvoit être rétabli en vertu & en conformité du Traité de Rifvvick,
que purement & fimplement, dans les Etats, Lieux &
Biens que le Duc Charles poffedoit réellement & de
fait en 1670. & la contestation ayant été portée au Confeil, il y auroit été reconnu que ledit Duc avoit droit
d'exercer les actions fondées fur les Traitez de 1661. &
1663. de même qu'auroit pu faire ledit Duc Charles ;
enfuite de quoy les Commiffaires de Lorraine ayant
continué de foûtenir leurs demandes, & produit leurs
Titres, tant pour les reftitutions des Villes, Pays &
Lieux, avec les fruits & jouiffances d'iceux, qui par les
Traitez de 1661. & 1663. devoient revenir au Duc Charles, que pour l'équivalent de la Ville & Prevôté de
Longvvy, avec reftitution des jouiffances & fruits de
ladite Ville & Prevôté de Longvvy ; enfemble la reftitution des autres lieux dont le Duc de Lorraine étoit
en poffeffion avant & depuis l'année 1670. par luy pré-
tendus en vertu du Traité de Rifvvick, & des fruits &
jouiffances d'iceux ; & y ayant encore des abornemens
à faire en execution du même Traité & des ajuftemens
pour la liberté du Commerce, & pour la réciprocité en-

tre les trois Evêchez & la Lorraine , suivant l'ancien usage interrompu en quelques endroits par les troubles
& par les Guerres , les Commissaires du Roy y auroient répondu par differens Memoires & Titres, formé
leurs demandes pour Sa Majesté & pour le soûtien de
ses droits. Après-plusieurs Conferences tenues entre les
Commissaires respectifs où tous les Traitez ont été exa-
minez, les difficultez discutées à fond , proposé respectivement les échanges & abornemens convenables , mesu-
ré , calculé & balancé l'étendue & la valeur des Pays &
des droits à ceder & à retenir , & enfin soigneusement
pesé tout ce qui restoit à ajuster pour l'entiere execution
des Traitez : Et le Roy desirant que le tout soit reglé par
les Commissaires qui de sa part ont tenu lesdites Conferences avec ceux de Lorraine , auroit à cet effet & du même avis de Sadite Altesse Royale Monsieur le Regent ,
donné commission & plein-pouvoir au Sieur Dominique de Barberie, Chevalier-Seigneur de Saint-Contest &
autres lieux , Conseiller d'Etat de Sa Majesté , son Am-
bassadeur & Plenipotentiaire ci-devant pour la Paix con-
clue à Baden , & au Sieur Henry-François de Paule le
Fevre , Chevalier-Seigneur d'Ormesson , Amboille &
autres lieux , Maître des Requêtes ordinaire de l'Hôtel
de Sa Majesté , Conseiller en son Conseil des Finances.

Et Monsieur le Duc de Lorraine auroit pareillement
donné ses commission & plein-pouvoir au sieur Jean-
Baptiste de Mahuet , Chevalier , Baron de Drouville ,
Seigneur de Sauley & autres lieux , Conseiller d'Etat ,
premier President de sa Cour Souveraine , son Envoyé
Extraordinaire ; & au Sieur François de Barrois , Chevalier , Baron de Manonville , Seigneur de Kœurs & autres
lieux , Conseiller d'Etat , & son Envoyé Extraordinaire :

lefquels après s'être communiqué réciproquement leurf-
dits pleins-Pouvoirs & Commiffions qui feront inferez
à la fin du Prefent, font convenus des conditions & Articles qui fuivent.

ARTICLE PREMIER.

LES Traitez paffez entre le feu Roy & le feu Duc
Charles de Lorraine le dernier Fevrier 1661. & le dernier Août 1663. enfemble ceux paffez entre le Roy &
l'Empereur & l'Empire à Rifvvick, le 30. Octobre 1697.
& à Baden le 7. Septembre 1714. en ce qui concerne le
Duc de Lorraine, devant fervir de baze & de fonde-
ment au prefent Traité, feront pleinement executez, fi
ce n'eft en tant quil y fera expreffément dérogé par ce-
lui-ci.

ART. II.

SA Majefté par le XXXII. Article du Traité de
Rifvvick s'étant réfervé la Fortereffe de Saarlouis avec
une demi-lieue de circuit à défigner par les Commiffaires du Roy & du Duc, laquelle Fortereffe & demi-
lieue de circuit font demeurées à Sa Majefté en pleine
Souveraineté à perpétuité ; mais au lieu d'un abornement
par la demi lieue portée audit Traité, le Gouverneur de
cette Place pour le Roy ayant de concert avec les Officiers de fon Alteffe Royale de Lorraine, confervé depuis la Paix de Rifvvick jufqu'à prefent, & pour le fervice de la Garnifon, les Villages de Liftroff, Emftroff,
Fravvlouter, Roden, Beaumarais, avec l'emplacement
de la Ville de Valdrevange, les Bâtimens qui y reftent
avec tous leurs Bans & Finages, les Fiefs ; Cenfes, Métairies, & generalement toutes les dépendances enclavées dans l'étendue des Bans & Finages defdits Villages & Ville de Valdrevrange aux environs de Saarlouis,

il a été convenu après l'approbation du Conseil , que ce qui a été fait en cela par provision , demeurera définitif ; & en consequence que lesdits Villages , emplacement de Ville , Bâtimens , les Bans & Finages & leurs dépendances généralement quelconques , soit qu'ils excedent la demi lieue ou non , demeureront incommutablement à perpétuité en pleine Souveraineté au Roy. Son Altesse Royale de Lorraine lui en faisant surabondamment & en tant que besoin seroit toute cession & transport ; auquel effet il sera procedé à l'abornement des Finages & dépendances desdits lieux , par des Commissaires de part & d'autre pour les séparer d'avec les autres lieux , Villages , Bans & Finages voisins appartenans à la Lorraine , & qui doivent lui rester , quand bien même quelque portion de ceux-cy rentreroit dans la demi-lieue de circonference de la Place ; lesquels derniers Villages & Bans seront pareillement abornez , le tout sans préjudice des droits de parcours dont les Habitans desdits lieux ont d'ancienneté jouy réciproquement pour le pâturage de leurs Bestiaux sur les Bans les uns des autres , dans lequel usage ils sont maintenus pour toûjours , sans pouvoir jamais y être troublez.

Art. III.

LA Ville & Prevôté de Longvvy avec ses appartenances & dépendances étant conformément au XXXIII. Article dudit Traité de Risvvick , demeurées à perpétuité en toute Souveraineté & proprieté au Roy , ses hoirs & successeurs , en échange de quoy Sadite Majesté a dû ceder à son Altesse Royale une autre Prevôté dans l'un des trois Evêchez , de la même étendue & valeur , dont on a dû convenir par des Commissaires respectifs. Cet échange n'ayant pû jusqu'à present être consommé , &

le feu Roy ayant confideré qu'en vertu du même Traité, fes Troupes qui vont dans les Places frontieres, ou qui en reviennent, devant avoir le paffage fûr & libre par les Etats du Duc. Que d'ailleurs les Pays des Evêchez & de la Lorraine étant non feulement limitrophes, mais prefque tous mutuellement enclavez, l'étendue en entier de la Prevôté de Longvvy étoit non feulement de difficile échange, mais peu neceffaire au Service de la Place, Sadite Majefté prit la refolution de ne retenir que la Ville de Longvvy & quelques Villages aux environs. A quoy Sadite Alteffe Royale auroit confenti, à la charge qu'il lui en feroit fourni l'équivalent ; & la propofition ayant été portée au Confeil & agréée, il a été convenu que ledit Article XXXIII. du Traité de Rifvvick demeurera reftraint par le Prefent, & n'aura lieu que pour les Villes haute & baffe de Longvvy, & pour les Villages de Mexy, Herferange, Longlaville, Mont Saint-Martin, Glaba, Autru, Piemont, Romain, Lexy & Rehon, avec tous leurs Bans, Finages & dépendances, & tout le terrain qui peut appartenir au Domaine du Duc dans l'étendue ou enclave defdits Bans & Finages, foit qu'ils excedent ou non la demi-lieue de circonference de la Place de Longvvy, defignée au Plan & Carte Topographique qui en a été dreffé. Le Duc cede pareillement la proprieté franche & déchargée de toutes dettes, engagemens & hypotheques, de toutes les Seigneuries, Juftices, Fiefs, Cenfes, Métairies, Moulins, droits, Domaines, Bois, Forefts, revenus, & generalement de tout ce qui peut lui appartenir dans lefdites Villes & Villages, lefquels avec leurs appartenances, dépendances & annexes, demeureront incommutablement en toute Souveraineté & proprieté au Roy, tant en vertu dudit

Traité de Rifwick que du Préfent, pour en jouir par Sa Majefté & fes Succeffeurs, comme Sadite Alteffe Royale, & fes Prédeceffeurs en ont joui, ou du jouir & dont l'échange ou l'équivalent fera fourni, ainfi qu'il fera dit dans la fuite.

A r t. I V.

Le Bois nommé le Bois Mouchot, dont la Communauté des Habitans de Longvvy eft proprietaire, fe trouvant fcitué fur le territoire du Village de Sonn dans la partie de la même Prevôté qui fera rendue à la Lorraine, comme il fera dit en l'article fuivant ; & Son Alteffe Royale ayant une portion de fon Bois nommé des Recruttes, qui entre dans la demi-lieue de circonference de ladite Place défignée audit Plan & Carte, il a été arrêté que pour la convenance refpective, ledit Bois de Mouchot demeurera au Duc, tant en proprieté que Souveraineté, & ladite portion de Bois des Recruttes rentrant dans ladite demi-lieue, appartiendra en proprieté aufdits Habitans & Communauté de Longvvy, pour en jouir fous la Souveraineté du Roy: A l'effet dequoi elle fera feparée du furplus de ladite Foreft des Recruttes, qui fera reftituée à Son Alteffe Royale, par un Foffé & par des bornes qui y feront plantées par les mêmes Commiffaires qui procederont à l'abornement des lieux cedez au Roy, contre ceux de ladite Prevôté qui feront reftituez au Duc.

A r t. V.

Le furplus des Villages & lieux de ladite Prevôté de Longvvy leurs Bans & Finages, appartenances, dépenpendances & annexes, quand même quelques-uns rentreroient dans la ligne de la demi-lieue du circuit de la Place, feront remis à fon Alteffe Royale, pour en jouir

par elle, & les Ducs ſes ſucceſſeurs, en tous droits de
Souveraineté & proprieté, comme ledit feu Duc Charles
en jouiſſoit en 1670. Sa Majeſté en tant que beſoin ſeroit
lui en faiſant toute rétroceſſion, avec renonciation à cet
égard au benefice à elle acquis par ledit XXXIII. Article
du Traité de Riſvvick; & pour prévenir toute conteſtation au ſujet de la Souveraineté & proprieté des lieux de
la même Prevôté de Longvvy qui reſtent à la France, &
de ceux qui retournent à la Lorraine, il en ſera fait par
des Commiſſaires de part & d'autre une déſignation, ſé-
paration & abornement ſur les differens terrains, & ſur
le pied de ladite Carte Topographique, ſans préjudice
néanmoins du droit de parcours pour le pâturage des
beſtiaux des Habitans deſdits Villages de l'une & de l'autre Souveraineté, qui ſera réciproquement entretenu &
conſervé ſuivant leur ancien uſage. Mais leſdits Villages de l'une & de l'autre Souveraineté demeureront déchargez; ſçavoir, ceux qui reſtent à la France de toutes
Juriſdictions, Bannalitez, Servitudes, Corvées & autres
prêtations generalement quelconques, envers le Domaine du Duc, & réciproquement tous les lieux & Habitans
de ladite Prevôté qui doivent lui retourner, ſont & demeurent affranchis, libres & déchargez de toutes Juriſdictions, Bannalitez, Servitudes, Corvées, & autres prêtations generalement quelconques, dont ils pourroient
avoir été cy-devant tenus envers le Domaine du Roy,
& notamment les Habitans des Villages de Gondrange,
du Prieuré de Brehain-la-Cour, de la Magdelaine, Re-
drange, Athus, Aſch, Batincourt, Bury-la-Ville, Houd-
lemont & autres, ſi aucuns y a, de l'obligation de fau-
cher, faner, & voiturer les Foins des Prez nommez les
Breuils du Château de Longvvy; & en conſequence de

la divifion ainſi faite de ladite Prevôté, il a été convenu que les Titres, Papiers & enſeignemens qui peuvent concerner en particulier les Villages & lieux de ladite Prevôté qui doivent revenir â ſon Alteſſe Royale, lui ſeront reſtituez; & à l'égard des Titres qui peuvent concerner en commun la Ville & tous les Villages de ladite Prevôté, comme ſont les comptes du Domaine de la Grurie & autres, ils ſeront partagez en les diviſant d'année à autre alternativement.

Art. VI.

Le Roy ayant retenu & étant demeuré ſaiſi par le VI. Article du Traité de 1661. des Places & Poſtes de Kaufman, Saarbourg & Phalſbourg en Souveraineté & proprieté franche & déchargée de toutes dettes & hypotheques, & étant ſurvenu en la même année 1661. des difficültez ſur l'execution dudit Article, entre les Commiſſaires de Sa Majeſté & ceux du Duc, au ſujet des Villages de la dépendance dudit Phalſbourg, & de celui de Niderſvvilers dépendant de Saarbourg, faiſant partie des difficultez que l'on eſt convenu de regler par le Traité de 1663. en ce que Sa Majeſté n'a dû avoir que leſdits Poſtes & Places de Kaufman, Saarbourg & de Phalsbourg, avec la demi-lieue de route & les Villages en dépendans nommez en l'Article XIII. dudit Traité de 1661. ou qui ſe trouveroient enclavez dans la largeur de la demi-lieue qui devoit former ladite route, les Commiſſaires du Roy auroient prétendu prendre d'autres Villages dépendans dudit Phalſbourg, & au lieu de ſuivre la route par celui de Niderſvvilers, en auroient formé un autre qui emporte des Villages Lorrains non cedez, & néanmoins conſervez tôûjours celui de Niderſvvilers, ce qui faiſoit un double emploi. Il a été convenu par le Preſent

que ledit Village de Niderſwilers, enſemble les autres
pris dans la dépendance de Saarbourg, & de Phalſbourg
en ladite année 1661. demeureront au Roy, de même
que les Villages de Henridorff, Lutzelbourg, Dann,
Hultenhauſen, Haſſembourg & Wilſperg, de la dépendance de Phalſbourg, enſorte qu'avec les autres Villages dudit Phalſbourg, compris dans la route, la Principauté entiere dudit Phalſbourg appartiendra à Sa Majeſté, auquel effet Sadite Alteſſe Royale lui en fait ceſſion
& tranſport en proprieté & Souveraineté déchargée de
toutes dettes & hypotheques. Cede pareillement ledit
Duc, toutes les Seigneuries, Fiefs, Juſtices, Domaines,
Bois, Foreſts, Revenus & generalement tout ce qui lui
appartient ou pourroit appartenir dans leſdites Places,
& Poſtes de Saarbourg & Phalſbourg, Villages en dépendans, cedez par le Traité de 1661. & par le Preſent,
leurs Bans & Finages, appartenances & dépendances,
& annexes generalement quelconques, déchargées de
toutes dettes & hypotheques, pour demeurer uni & incorporé à la Couronne de France, enſorte que ledit Duc,
ſes hoirs & ſucceſſeurs n'y puiſſent jamais rien prétendre
ſous quelque prétexte que ce ſoit.

Art. VII.

Le Duc renoncera & renonce en faveur du Roy, à
tous droits & prétentions de Souveraineté, de proprieté, ou autres, ſur les Villages & Abbayes de S. Epure,
& de S. Manſuy près de Toul, leurs Bans & Finages,
ſur les appartenances & dépendances deſdits Bans &
Finages, Droits & Domaines, ſi aucuns Sadite Alteſſe y
en a. Elle renonce pareillement à tous droits, & prétentions de Souveraineté & autres, ſur les Villages de Vau-
cremont, Stoncourt, Viller, & Aurich, autrement

Ongerange, compofant le Ban de S. Pierre; & fur les Villages de Xouffe ou Xüiffe, Thonville, & Brulange, compofant le Ban de la Rotte; leurs Finages, appartenances & dépendances, laquelle Souveraineté appartiendra à l'avenir fans contredit au Roy, tant fuivant fes anciens droits & prétentions, qu'entant que befoin feroit en vertu de la préfente renonciation & ceffion, au moien dequoi toutes les difficultez & conteftations à regler pour ce regard par ledit Traité de 1663. demeureront éteintes & terminées.

Art. VIII.

Le Duc ayant la proprieté & Souveraineté de la Foreft de Kallenhouen, & par le V. Article du Traité de 1661. le Roy étant demeuré faifi de la Place de Sierck; & du nombre de trente Villages en dépendans, dont quelques-uns voifins de ladite Foreft y ont de toute ancienneté des ufages pour chauffage, marnage & pâturage. Il a été convenu pour prévenir toutes difficultez, que Sadite Alteffe Royale cedera & cede à Sa Majefté en proprieté & Souveraineté, trois mille Arpens mefure ordinaire du Païs, à prendre dans ladite Foreft, à commencer à l'extremité exterieure du Canton de Bois nommé de la Zigelleray, ou de là Thuillerie, aboutiffant du côté Septentrional aux bans des Villages de Kerlingen, & de Frichingen, & rentrer depuis ladite extremité dans le corps de ladite Foreft, continuant jufqu'à l'endroit où finira le toifé defdits trois mille Arpens cedez, lefquels feront abornez & féparez du refte de ladite Foreft par des bornes & par un Foffé qui feront plantez & faits en préfence de Commiffaires de part & d'autre, dans lefquels trois mille Arpens font entendu compris les trois cens arpens accordez par le feu Duc Charles à la Chartreufe de Rhetel, pour la

moitié du chauffage d'icelle , & moyennant ladite ceffion Sa Majefté fera chargée dans lefdits trois mille Arpens de fournir & laiffer les ufages anciens & accoûtu-
mez aufdits Villages dépendans de Sierk, & à ladite
Chartreufe de Rhetel , le furplus de ladite Foreft Lorraine en demeurant exempte, enforte que chaque Souverain ne fera chargé dans fes Forefts que des ufages
des Villages & lieux de fa domination.

Art. IX.

Et comme le Village de Frichingen dépendant de la
Lorraine , voifin de la Foreft de Kallenhouen, & du
canton de bois de la Thuillerie , fe trouve enclavé &
mêlé avec d'autres Villages cedez au Roy en 1661. il a
été convenu que ledit Village de Frichingen demeurera
cedé à Sa Majefté en vertu du prefent Traité, pour être
joint aux autres Villages François de la dépendance de
Sierk, & que fes Habitans jouiront de l'ufage qui leur
appartient dans la portion de ladite Foreft abandonnée
au Roy, en échange duquel Village Sa Majefté cede à
fon Alteffe Royale celui d'Evvendorff dépendant dudit
Sierk, domination de France , joignant d'autres Villages Lorrains; lefquels Villages de Frichingen & d'Evvendorff ainfi échangez avec leurs Bans, Finages & dépendances ; enfemble leurs Domaines & revenus appartiendront à l'avenir, le premier au Roy , & le fecond au
Duc, qui fera tenu de fournir aux Habitans d'icelui dans
fadite Foreft de Kallenhouen, l'ufage qu'ils peuvent y
avoir.

Art. X.

Les Villages d'Arnaville, Vilcey, Hageville, Jonville & Olley qui ont été retenus jufqu'à prefent fous
l'autorité du Roy, ayant été reconnus être d'une Souveraineté

raineté indivise entre Sa Majesté , à cause de la Terre de
Gorze, & son Altesse Royale , à cause du Bailliage de
Nancy & de la Prevôté de la Chaussée, demeureront
échangez & séparez en entier pour éviter toutes con-
testations, ainsi qu'il ensuit. Sçavoir, que les Villages
de Villcey, Hageville & Jonville, resteront en entier en
Souveraineté au Roy, avec leurs dépendances, revenus,
droits & Domaines particuliers qui y appartenoient cy-
devant au Duc de Lorraine & de Bar, son Altesse Royale faisant à Sa Majesté en tant que besoin seroit, toute
cession & transport de ses droits & prétentions sur lesdits Villages & dépendances; & en échange, la Souveraineté des Villages d'Arnaville & d'Olley , avec leurs
dépendances , appartiendra en entier audit Duc, Sa
Majesté lui faisant pareillement toute cession & transport des parts, portions & droits qui lui appartenoient
esdits lieux; bien entendu que le present échange &
ajustement ne pourra nuire ni préjudicier aux droits,
revenus , ni autres choses qui peuvent appartenir dans
lesdits lieux à l'Abbé de Gorze ou autres Seigneurs particuliers.

Art. XI.

Le Duc cede au Roy tous les droits qu'il peut avoir
en la Souveraineté , Justice & Domaine sur la rue dite
de Bar au Village de Kunetange , Prevôté de Thionvil-
le, lequel appartiendra en entier sans contestation à Sa
Majesté ; en échange de quoy le Roy cede audit Duc le
droit de Souveraineté qu'il a sur l'emplacement du Château de Bauzemont, situé dans le Village Lorrain du même nom.

Art. XII.

Son Altesse Royale en consideration du present Traité, renonce à tous ses droits & prétentions sur les fruits & jouiſſances de tous les lieux & pays qui ont été retenus sous la domination de Sa Majeſté, & conteſtez avant 1670. & depuis le Traité de Riſvvick juſqu'à preſent ; leſquels lieux & pays lui ſont reſtituez, ou qu'elle abandonne par le preſent Traité, & en fait toute ceſſion & remiſe à Sa Majeſté, à la reſerve néanmoins des jouiſſances & fruits de la Ville & Prevôté de Longvvy, dont elle ſera indemniſée par Sa Majeſté, ſuivant la liquidation qui en ſera faite par des Commiſſaires de part & d'autre, à compter depuis l'échange des Ratifications du Traité de Riſvvick juſqu'à celui des Ratifications du preſent Traité ; pour parvenir à laquelle liquidation, le Roy fera communiquer aux Commiſſaircs du Duc, les comptes, regiſtrcs & autres enſeignemens qui ont ſervi à la jouiſſance & perception des revenus de ladite Ville & Prevôté de Longvvy.

Art. XIII.

Moyennant les ceſſions, renonciations du Duc, les ajuſtemens précedens, & en conſideration de tout ce que deſſus, le Roy tant pour remplir les échanges & équivalens de ladite Ville de Longvvy & des Villages & lieux en dépendans, énoncez en l'Article III. du preſent Traité, & des Villages dépendans de Phalſbourg & Saarbourg, & autres cy-devant énoncez qu'autrement, cede & tranſporte au Duc tous les droits de Souveraineté & autres qui peuvent appartenir à Sa Majeſté ſur la Ville & Fauxbourgs de Ramberviller, ſur lcs lieux & Villages de Jeaumenil, Houſſeras, Autrey, Saint-Benoiſt, Bru, Xaffeviller, Doncieres, Noſſoncourt, Menil, Sainte-Barbe, Anglemont, Bazien & Menarmont, leurs Bans & Finages, & ſur toutes les Cenſes, Fiefs & Uſuines y enclavées, leurs appartenances & dépendances compoſant la Châtellenie dudit Ramberviller, ſans en rien excepter ; enſemble la Souveraineté ſur les bois nommez le grand Bois de la Châtellenie & de Fenne, dont la proprieté appartient à l'Evêché de Metz dans l'étendue de ladite Châtellenie de Ramberviller, quoiqu'ils ne ſoient pas compris dans celle des Bans & Finages des Villages & lieux cy-devant nommez. Cede pareillement Sadite Majeſté ſes droits de Souveraineté ſur les Villages de Rouille & Domtaille, avec tous leurs Bans & Finages, appartenances & dépendances, ſans en rien excepter ; leſquels, quoiqu'ils ne ſoient pas originairement de ladite Châtellenie, y ſont ordinairenment annexez ; tous leſquels lieux & Villages, ainſi qu'ils ſont cy-devant nommez & ſpecifiez, appartiendront à l'avenir à perpetuité audit Duc, ſes hoirs & ſucceſſeurs Ducs de Lorraine, en tous droits de Souveraineté & autres quels qu'ils ſoient qui y appartenoient cy-devant à Sa Majeſté à quelque titre que ce ſoit ; enſorte qu'Elle & les Rois ſes ſucceſſeurs n'y puiſſeut deſormais rien prétendre, ſans préjudice néanmoins aux droits de proprieté, Domaines, revenus, Juſtices & Juriſdictions qui appartiennent dans leſdits lieux à l'Evêque de Metz & aux autres Vaſſaux, leſquels leur ſont conſervez en leur entier ; à la charge de faire exercer leſdites Juſtices & Juriſdictions dans l'étendue de ladite Châtellenie, & deſdits Rouille & Domtaille, ſous le Reſſort des Cours Superieures du Duché de Lorraine, par des Officiers reſidens ſous ſa domination.

Art. XIV.

Le Duc poſſedant en tous droits de ſuperiorité ter-

ritoriale la portion du Marquifat de Nomeny qui luy
eft reftée après le Traité de 1661. & la Châtellenie entiere de Hombourg, Saint-Avold, Sa Majefté a déchargé & décharge fadite Alteffe Royale pour raifon de ladite portion de Marquifat, & de ladite Châtellenie entiere, leurs appartenances & dépendances, de tous les
droits de Suprême Domaine, Jurifdictions, & autres
que la Couronne de France peut avoir acquis fur icelles, tant par le Traité de Munfter en 1648. qu'autrement, même fur les trois Moulins dudit Saint-Avold
& la Cenfe d'Oderfang dépendant de l'un defdits Moulins, & fur les Villages de Henriville & de haute Vi-
gneulle, en Allemand Oberfilen, qui luy feront remis,
fi fait n'a été, comme dépendans dudit Saint-Avold ;
defquels droits de Suprême Domaine, Jurifdictions &
autres quels qu'ils puiffent être, Sadite Majefté fait ceffion & tranfport audit Duc, pour du tout en l'état qu'il
le poffede après le Traité de 1661. en jouir par ledit Duc,
fes hoirs & fucceffeurs en toute Souveraineté, comme
de fon Duché de Lorraine, auquel il demeurera incorporé.

Art. XV.

Sa Majefté a pareillement déchargé les Villages dépendans de la Terre & Seigneurie de Commercy, &
l'Abbaye de Rieval qui y eft fituée, du reffort du Bailliage & Siege Préfidial de Vitry, & par appel au Parle-
ment de Paris, auquel reffort ils font foumis, & de tous
autres droits que Sa Majefté auroit pu y prétendre, dont
en tant que de befoin, Elle fait toute ceffion & tranfport
à Sadite Alteffe ; laquelle en jouira paifiblement à l'avenir en tous droits de Souveraineté, comme elle jouit ac-

tuellemenr de la Ville de Commercy & des autres lieux & Villages dépendans de ladite Terre & Seigneurie, en vertu du Traité passé entre le feu Roy & ledit Duc, le 7. May 1707. qui sera au surplus suivi & executé, comme s'il étoit inseré ici de mot à mot.

Art. XVI.

Sa Majesté a encore cedé à Son Altesse Royale les droits de Soüveraineté & autres qui lui appartiennent à cause de son Château de Passavant, sur un Fief apartenant aux Sieurs de Grignoncourt & Consors dans le Village Lorrain de Martinvelle, & sur les dépendances dudit Fief dans ce Village, & sur son Ban & Finage, S. M. déchargeant en outre les Habitans dudit Village de Martinvelle du droit de Sauvegarde, de quatre sols par ménage qu'ils lui doivent à cause de son Château de Passavant.

Demeurera de même cedé au Duc, le droit de Souveraineté appartenant au Roy sur quelques Maisons du Village Lorrain de Boccange; ensemble le droit que Sa Majesté pourroit avoir sur partie du territoire dudit Village, sans préjudice neanmoins des droits qui peuvent appartenir au Seigneur du Village de Burthoncourt du Païs Messin, sur lesdites Maisons, sur les résidens en icelles, & même sur ledit territoire de Boccange si aucun droit il y a, lesquels droits lui sont conservez en leur entier.

Le Village de Maxey sous Brixey, & la Rue, dite la Rue du Fief, dans celui de Pagny sur Meuse, autrement la Blanchecoste, seront restituez au Duc, ayant été justifié que le Duc Charles les possedoit en tous droits de Souveraineté, Justice & Domaine, en 1670. & longtems auparavant; lequel Village de Maxey, Sa Majesté décharge des Foy & Hommage qui lui en étoient dûs, à cause de son Château de Monteclair ; & les Habitans du même Village, du droit de Sauvegarde de deux sols par ménage qu'ils doivent audit Château.

Décharge pareillement ladite Rue du Fief de Pagny, des Foy & Hommage dûs à Sadite Majesté à cause de son Château de Vaucouleurs, à condition néanmoins que ladite Rue du Fief sera & demeurera unie au corps dudit Village, faisant partie de la Prevôté de Gondrecourt dépendant du Barrois, & comme telle comprise dans l'Hommage dû au Roy par ledit Duc, à cause du Barrois.

Art. XVII.

Sa Majesté fera restituer à son Altesse Royale la Forest de Monderen & celle de Kallenhouen, ayant été justifié que lesdites Forests appartiennent en Souveraineté à la Lorraine, & ne sont dans aucune des dépendances des Villages de la Prevôté de Sierck, cedez à la France par le Traité de 1661. bien entendu que cette remise n'aura lieu qu'après la distraction au profit de Sa Majesté de trois mille Arpens à Elle cedez par l'Article VIII. du present Traité, & que le Duc sera tenu de fournir, & laisser prendre dans ladite Forest de Monderen aux Habitans du Village de Monderen & autres, de la domination du Roy, les usages & affoüages qu'ils peuvent y avoir, comme d'ancienneté suivant leurs Titres ou possessions.

Art. XVIII.

Les Villages de Moulotte, de Mailly, de Leyvviller, d'Ariance, & les Censes de Roza, de la Haute Voille, de Bouzonville, de Marien Flosfeldt, & la petite Sei-

gneurie ou Cenſe de Saint-Martin , ſituée près de Nomeny qui appartenoient au Duc Charles , & qu'il poſ-
ſedoit depuis le Traité de 1661. feront rendus en toute
Souveraineté à ſadite Alteſſe Royale.

Art. XIX.

La reſtitution proviſionnelle que le Roy fit faire au
Duc en l'année 1701. des Villages de Bulligny , Bagneux,
Crezille , Martemont , Aingerey , Tuillay aux Grozeil-
les , Sexey aux Forges , Colombey , Allain aux Bœufs ,
Viterne , le Montrot , Crepey , Selaincourt , & Manon-
court , dépendans de ſa Prevôté de Gondreville , & des
Villages de Vaxy , Puttigny , Gerbecourt & Lubecourt
qui compoſent le Val de Vaxy , dépendant de ſa Prevôté d'Amance , leſquels avoient été retenus ſous l'obéiſſance du Roy depuis le Traité de Paix de Riſvvick ,
vaudra & tiendra pour définitive , ſans qu'à l'avenir ſadite Alteſſe Royale doive , ni puiſſe plus être troublée
en la poſſeſſion de la Souveraineté deſdits Lieux , ſous
quelque pretexte que ce ſoit.

Art. XX.

Sur la difficulté concernant l'état & ſujetion perſon-
nelle des Curez des Villages cy-aprés qui reſtoit indé-
ciſe depuis les Traitez paſſez le 2. Octobre 1704. & 21.
May 1705. entre le Sieur de Harrouys Intendant en
Champagne , Commiſſaire du Roy , & le Sieur de Sar-
raſin Conſeiller d'Etat , Commiſſaire du Duc , par leſquels Traitez ils ont peocedé conjointement dans les
Villages de Burey en Vaüx , Badonvviller , Gouſſain-
court , Eſpiez , Lezeville , d'Ainville & Saint-Germain ,
dont la Souveraineté eſt indiviſe entre Sa Majeſté, à cauſe
de ſes Prevôtez de Vaucouleurs , d'Andelot & de Grand ;

& ſadite Alteſſe Royale, à cauſe de ſes Prevôtez de Gondrecourt & de Foug , à la reconnoiſſance des Habitans
qui y doivent être Sujets du Roy , & à celle des Habitans qui y doivent être Sujets du Duc , conformément
aux anciens uſages y obſervez. Il a été convenu que leſdits Traitez feront ſuivis & executez, & que pour terminer toute conteſtation ſur le fait deſdits Curez, ceux
qui ſont actuellement pourvûs des Cures deſdits Villages , ſous quelque domination & en quelque pays qu'ils
ſoient nez, feront tous réputez & tenus Sujets du Roy,
& que les Curez qui leur ſuccederont immédiatement
dans leſdites Cures, ſous quelque domination & en quelque pays qu'ils ſoient nez , appartiendront au Duc, &
après la mort de ces derniers , leurs ſucceſſeurs feront
Sujets du Roy , & ainſi alternativement à meſure que
les Cures vaqueront & feront remplies , les Curez appartiendront tantôt à Sa Majeſté & tantôt à ſon Alteſſe
Royale.

Art. XXI.

L'ABORNEMENT fait par le Gruyer de Coiſſy ès mois
de Novembre & Decembre 1678. Janvier , Avril & Juin
1679. de la Foreſt de Paſſavant en la partie de France ,
demeure nul & comme non advenu , par rapport aux
limites de ladite Foreſt vers le Septentrion ; & en conſequence les bornes qu'il y fit planter ſous les nombres
72. 73. 74. 75. 76. 77. 78. 79. 80. & 81. comme auſſi celle
du milieu de la Verrerie de Saint-Vaubert , autrement
dit de Thomas, non deſignée dans ſes Procès verbaux
deſdits mois, feront retirées & ſuprimées : ce faiſant, le
Duc demeurera maintenu en la poſſeſſion de la Souveraineté de toute l'étendue du territoire de ladite Verrerie ,

rie, suivant l'enceinte des anciennes petites bornes marquées de Croix de Lorraine qui y sont jusqu'à l'allignement de la Chapelle de Saint-Vaubert. Ledit Duc demeurera pareillement en possession de la Souveraineté
& proprieté du terrain en nature de Forest qui est à
l'Orient du territoire de ladite Verrerie, jusqu'au territoire de celle du Morillon, comme faisant ledit terrain une
partie de la Forest d'Attigny jusqu'aux huit anciennes
grandes bornes, commençant la premiere vers le milieu
de l'allignement meridional du territoire de la Verrerie de Saint-Vaubert, & la derniere à l'extrémité Oc-
cidentale du territoire de la Verrerie du Morillon ; laquelle derniere borne fait la separation des trois Provin-
ces de Champagne, de Lorraine & du Comté de Bour-
gogne ; desquelles huit bornes, ensemble de celles qui
séparent le territoire de la Verrerie de Saint-Vaubert du
côté meridional, il sera fait visite & reconnoissance par
des Commissaires respectifs, qui feront marquer les Armes de France sur lesdites bornes du côté qu'elles regardent la Forest de Passavant, en laissant celles de Lorraine qui se trouveront sur l'autre face, si mieux lesdits
Commissaires n'estiment convenir d'y mettre de nou-
velles bornes, qui soient parfaitement uniformes & sem-
blables à celles qui furent plantées entre les deux portions de ladite Forest de Passavant par des Commissaires respectifs en 1584. pour servir de limites des Souve-
rainetez.

Art. XXII.

A l'égard de la partie de Forest appellée vulgairement le Bois du Differend qui ne fut point partagée en
1584. il est convenu que le partage en sera fait par les
mêmes Commissaires en deux portions égales, & que

D

celle qui fera joignante à la partie de la Forêt de Paſ-
favant, tombée au lot de Sa Majeſté en 1584. y demeurera réunie tant en Souveraineté , qu'en proprieté ; &
l'autre partie appartiendra à ſadite Alteſſe Royale, tant
en Souveraineté qu'en proprieté : à l'effet de quóy il
fera mis entre leſdites deux portions du Bois du Differend , des bornes conformes à celles qui furent plantées
pour féparer les portions de la Forêt de Paſſavant en 1584.

Art. XXIII.

Le Roy donnera ordre pour faire remettre inceſſam-
ment audit Duc , la Ville de Saint-Hypolite, avec ſes
appartenances & dépendances , comme elle fut remiſe
au Duc Charles après le Traité de 1661. pour en jouir
par ſadite Alteſſe Royale en tous droits de Souveraineté,
Juſtice & Domaine , de même qu'en jouiſſoit ledit Duc
Charles en 1670.& que lui & ſes Prédéceſſeurs en avoient
jouis auparavant.

Art. XXIV.

La Forêt ſituée ſur le penchant meridional du Val-
de-Lievre appellée Hyndervvaldt par les Communautez de Berkeim , de Saint-Hypolite, & d'Orſchvveiler , leur demeurera propre & commune depuis
le confluent des deux ruiſſeaux de Bolembach ,. en
ſuivant les bornes que l'on y trouve plantées juſqu'à la
rencontre d'un Rocher qui eſt marqué d'une Croix au
confluent des deux ruiſſeaux de Watembach , & en remontant ſur la droite , & le long du ruiſſeau du grand
Watembach, juſqu'à la rencontre du grand Rocher nommé Reinolſtein , autrement Ramelſtein , qui eſt au ſom-
met de la montagne appellée Denkel, autrement Hury,
de toutes leſquelles bornes il ſera faite une deſcription ;
Procès verbal , & Carte Topographique par des Com-

miſſaires qui ſeront nommez de part & d'autre , leſquels pourront encore en faire planter d'autres és lieux où ils le trouveront à propos, & même depuis le confluent des deux Watembachs , juſqu'audit Rocher de Ramelſtein , ſans préjudice néanmoins aux droits de pâturage que les Habitans de Lievre ont dans ladite Foreſt , & à la proprieté des Terres ou Prez qui y ſont enclavez , leſquels ne ſont pas en nature de Foreſt, dont ils continueront de tirer librement les fruits , conformément à la Sentence arbitrale datée du Mercredy après le Dimanche de *Jubilate* de l'année 1516.

Art. XXV.

LESDITES trois Communautez de Berkeim , Saint-Hypolite & Orſchvveiler jouiront de ladite Foreſt de Hyndervvaldt par indivis , comme elles ont fait cy-devant & juſqu'à preſent, & les Officiers de chacune deſdites Communautez y auront Juriſdiction en premiere Inſtance par prévention les uns ſur les autres. Ce faiſant , ils auront droit de connoître des méſus , délits & malverſations dont leurs Foreſtiers auront fait rapport , ou dont ils auront les premiers dreſſé des Procès verbaux dans le cours de leurs viſites ; & en cas d'appellations de leurs Jugemens , elles ſeront portées pardevant les Juges ſuperieurs de la Commu nauté dont les Officiers auront prévenu ,en ſorte que les appellations des Jugemens rendus par ceux de Berkeim & d'Orſchvveiler , ſeront portées pardevant les Tribunaux ſuperieurs de la Province d'Alſace , & celles des Jugemens rendus à Saint-Hypolite , ſeront portées pardevant les Tribunaux ſuperieurs de Lorraine ; tous leſquels Juges ſuperieurs pourront indiſtinctement eſdits cas de Reſſort , faire les deſcentes , vûes de lieux , enqueſtes , & toutes autres pro-

cedures neceſſaires dans ladite Foreſt que le cas reque-
rera , ſans pour ce acquerir aucune Juriſdiction priva-
tive ſur icelle , ni préjudicier aux droits & autorité de
l'autre Souveraineté.

Art. XXVI.

Et en conſequence, la Montagne particuliere appellée le Spiedmont par les Habitans de Lievre, commençant depuis ledit Rocher qui eſt au confluent deſdits
deux ruiſſaux de Watembach, en remontant à l'Occi-
dent de celui du grand Watembach juſqu'à la rencontre dudit Rocher de Ramelſtein , avec le terrain qui
s'étend depuis cet allignement juſqu'aux bornes ſépara-
tives du Ban de Sainte-Croix , Souveraineté de Lorraine, eſt déclarée appartenir & faire partie du Ban de
Lievre Souveraineté de Lorraine.

Art. XXVII.

Sa Majeſté ſe déporte des prétentions mûes depuis
peu ſur Sainte-Marie-aux-Mines , & le Val de Lievre
en la partie appellée de Lorraine , ſur la Seigneurie de
Tanviller & dépendances , ſur un quart du Village de
Herange & prétendues dépendances , ſur la Seigneurie
du Dordal , & ſur le Village de Manonviller , à l'exception de quelques maiſons ſituées dans ce dernier
Village , qui dépendent de la Seigneurie de Herbevil-
ler , Lanoy Evêché de Metz , de tous leſquels lieux ſon
Alteſſe Royale continuera de jouir comme cy-devant
en tous droits de Souveraineté, ſans aucune reſerve ,
& ſans pouvoir Elle ni ſes ſucceſſeurs y être troublez
à l'avenir ſous quelque pretexte que ce ſoit , le tout
néanmoins ſans préjudice des droits des Seigneurs particuliers ſur quelques-uns deſdits lieux , leſquels leur
demeurent conſervez en leur entier.

ART. XXVIII.

Les Evêques de Metz, Toul & Verdun prétendans que les Ducs de Lorraine possedent depuis long-temps plusieurs Terres & Fiefs situez dans les Etats desdits Ducs, lesquels Fiefs & Terres proviennent originaire-ment du temporel desdits Evêchez, dont les anciens Ducs de Lorraine ont prêté foy & hommage ausdits Evêques, ils ont demandé la continuation desdites foy & hommage; & son Altesse Royale ayant soûtenu que par le Traité du dernier Fevrier 1661. Art. XIX. le Duc Charles ayant été remis & rétabli dans la possession & jouissance de tous les autres Etats & Seigneuries qui lui furent lors restituez, même des Villes, Places & Pays qu'il avoit autrefois possedé dependans desdits trois Evêchez, & généralement tout ce dont le dernier Duc Henry jouissoit lors de son decès arrivé en 1624. & qui pouvoit luy appartenir à titre de succession, échange ou acquisition, à la reserve de ce qui par le même Traité a été incorporé à la Couronne de France, & ce pour en jouir par ledit Duc Charles en tous droits de Souveraineté, Justice & Domaine en la même ma-niere que ledit Duc Henry en jouissoit, sans que ledit Duc Charles ny ses successeurs y puissent être troublez sous quelque pretexte que ce soit, & sous les autres conditions portées par ledit Article XIX. Qu'ainsi le Duc regnant ne pouvoit être tenu à cet égard que com-me le Duc Charles son grand Oncle l'a été en vertu dudit Article XIX. Il a été convenu & arrêté par le Present que ledit Duc & ses successeurs Ducs de Lor-raine, feront seulement à l'avenir obligez & tenus de prêter & faire les foy & hommage ausdits Evêques pour les Terres & Fiefs situez dans ses Etats qui peuvent provenir du temporel defdits Evêchez , & dont lefdits Evêques juftifieront que le Duc Henry ou leDucCharles leur auront rendu & prêté les foy & hommage, lefquels fadite Alteffe Royale , & les Ducs fes fucceffeurs feront tenus de rendre , comme les Ducs Henry & Charles ont fait.

ART. XXIX.

En conformité de l'Article XXXV. du Traité de Rifwick , les Benefices Ecclefiaftiques qui ont été conferez par Sa Majefté jufqu'au jour de la fignature du prefent Traité , dans les lieux que Sa Majefté fera remettre à la Lorraine , comme étant de fon ancienne dépendance , feront laiffez aux Poffeffeurs modernes qui les ont obtenus. Il en fera ufé de même & réciproquement dans les lieux retenus , cedez & incorporez à la Couronne de France , & dans ceux cedez à la Lorraine par le prefent Traité , dans lefquels Sa Majefté & fon Alteffe Royale chacun dans fa domination refpectivement, pourront exercer les droits de Patronage , Nomination & autres, que l'un ou l'autre des deux Souverains y ont exercez, lefquels leur demeureront transferez avec lefdits pays , pour eux & leurs fucceffeurs.

ART. XXX.

Pour maintenir la tranquillité entre les Sujets des pays & lieux qui par le prefent Traité doivent paffer de la domination de Sa Majefté fous celle de fon Alteffe Royale à titre de reftitution , il eft convenu que l'Article XXXVI. dudit Traité de Rifwick fera executé à leur égard ; ce faifant , que toutes les procedures , Sentences, Decrets & autres Actes faits & rendus par les Tribunaux , Juges & autres Officiers de Sa Majefté au fujet des differends & actions jugez définitivement , tant entre les Sujets des deux Souverains qu'autres, du temps que Sa Majesté a possedé ledit pays & lieux jusqu'au jour des Ratifications du present Traité, auront lieu & sortiront leur plein & entier effet, de même que si Sa Majesté en étoit restée en possession, & il ne sera point permis de révoquer en doute lesdits Actes, Sentences & Decrets, de les annuller, ou d'en retarder ou empécher l'execution, mais il sera libre aux Parties d'avoir recours à la révision des Procez, selon l'ordre & la disposition des Loix & Ordonnances du pays, les Sentences & Jugemens demeurans cependant en leur force & vigueur, de même que les Lettres de Justice & de Grace, même de Retrait feoadal que Sa Majesté peut avoir accordées.

Art. XXXI.

Et quant aux Procedures, Sentences ou Jugemens qui pourroient avoir été faits & rendus, soit avant ou depuis le Traité de Riswick, à l'occasion des lieux qui dépendoient cy-devant des Etats du Duc, & que Sa Majesté luy fait rendre, par lesquelles Procedures, Sentences ou Jugemens, les droits que ledit Duc peut avoir pardevers luy en plusieurs Causes auroient été blessez, l'Article XLII. dudit Traité de Risvvick sera executé comme s'il étoit inseré ici de mot à mot.

Art. XXXII.

Dans tous les Pays, Villes, Villages & lieux cedez, échangez, ou rendus par le present Traité, les Vassaux Sujets ou Habitans de quelque qualité & condition qu'ils soient sans aucune reserve, demeureront du jour de l'échange des Ratifications du present Traité déchargez, quittes & absous des foy, hommage, sermens de fidélité, obéïssance, services, jurisdictions &

ſujections dont ils étoient tenus précedemment envers celuy des Souverains qui les cede, échange ou rend, & ils paſſeront immédiatement ſous la foy, hommage, ſerment de fidélité, obéiſſance, ſervice, juriſdiction & domination de l'autre Souverain, ſous lequel ils doivent reſter par le preſent Traité, & de ſes ſucceſſeurs à perpétuité, ſans que l'autre Souverain ni ſes ſucceſſeurs y puiſſent à l'avenir rien prétendre, ſous quelque pretexte que ce puiſſe être, dérogeant l'un & l'autre reſpectivement à cet effet à toutes Loix, Coûtumes, Statuts, Conſtitutions & Ordonnances, même qui auroient été confirmez par ſerment faiſant au contraire, auſquelles & aux clauſes dérogatoires, & aux dérogatoires des dérogatoires, il eſt expreſſément dérogé par le preſent Traité, excluant à perpétuité toutes exceptions ſous quelques raiſons, & prétexte qu'elles puiſſent être fondées ; & en conſequence celuy des deux Souverains auquel leſdits Lieux, Villes, Villages & Pays, Vaſſaux, Sujets & Habitans devront appartenir par le preſent Traité, pourra en vertu d'iceluy, s'en mettre en poſſeſſion ſans avoir beſoin d'autre formalité, ſi bon luy ſemble, bien entendu néanmoins que tant à l'égard de Ramberviller, ſa Châtellenie & dépendances, & autres lieux qui par le preſent Traité paſſent ſous la domination dudit Duc, que des lieux de l'ancienne dépendance de la Lorraine qui ſont reſtituez, l'Article XXXIV. du Traité de Riſvvick aura lieu, & ſera executé comme s'il étoit inſeré ici de mot à mot ; ce faiſant, les Troupes de Sa Majeſté qui vont dans les Places frontieres ou qui en reviennent, auront le paſſage ſûr & libre dans leſdits lieux & pays, de même que dans le ſurplus des Etats de ſadite Alteſſe Royale,

en

en la maniere portée audit Article XXXIV.

Art. XXXIII.

Par l'Article XL. du Traité de Rifvvick, ayant été
ftipulé que l'on confervera entre la Lorraine & les Evêchez de Metz, Toul & Verdun, l'ancien ufage & liberté de commerce qui doit dorefnavant être exacte-
ment obfervé avec avantage réciproque des deux Parties, il a été jugé à propos pour l'utilité commune defdits Evêchez & de la Lorraine, d'expliquer par le prefent Traité plufieurs points, & de regler des difficultez à l'occafion de l'ancien ufage & liberté de commerce
entre ces deux pays, même d'ajoûter audit Article du
Traité de Rifvvick concernant cette matiere, afin que
la réciprocité qui a été l'objet defdits ufages & des concordats fi fouvent réiterez entre les Evêchez & la Lorraine, foit encore mieux entretenue, ainfi qu'il fera
porté par les Articles fuivans.

Art. XXXIV.

En execution des mêmes Concordats & des Privileges refpectivement accordez pour le Commerce entre
les Villes & Evêchez de Metz, Toul & Verdun, &
leurs Territoires, & les Etats de Lorraine, Terres &
Pays appartenans au Duc; il y aura une entiere liberté
de commerce & de communication réciproque entre
les deux Pays pour y faire entrer, vendre & debiter,
ou fimplement paffer, traverfer & fortir toutes fortes
de denrées, vivres & marchandifes du cru ou de la
fabrique defdits deux Pays, à la charge de fatisfaire
aux Peages anciens feulement, tels & en la maniere
declarée ès Articles fuivans, fans qu'il puiffe à l'avenir être demandé ny levé de part ny d'autre aucuns
autres droits quels qu'ils puiffent être au préjudice de

ladite liberté de Commerce pour le befoin & pour la confommation mutuelle defdits deux Pays.

Art. XXXV.

Les Habitans des mêmes Pays pourront encore réciproquement y faire entrer, vendre & debiter, ou fimplement paffer, traverfer & fortir des denrées, vivres & marchandifes provenans des Manufactures & Etats Etrangers, en fatisfaifant aux anciens Peages comme en l'Article précedent. Et en cas de marchandifes étrangeres dont l'entrée, l'ufage ou le Commerce feroient prohibez, dans l'une ou dans l'autre des deux dominations, elles y pourront paffer debout, traverfer & fortir en obfervant les conditions & précautions exprimées és Articles 58. 59. 60. 61. 62. & 63. du prefent Traité & toûjours en fatisfaifant aux anciens Peages.

Art. XXXVI.

Ce qui eft porté par les deux Articles précedens fera obfervé pareillement pour & dans les Villes & lieux faifant partie de la Generalité de Metz, qui ont été cedez à la Couronne de France, foit par l'Efpagne dans le Traité des Pirenées du 7. Novembre 1659. foit par le Duc Charles de Lorraine dans le Traité de Vincennes du dernier Fevrier 1661. foit par fon Alteffe Royale dans le Traité de Rifvvick du 30. Octobre 1697. & dans le Prefent : toutes lefquelles Villes & lieux êtant limitrophes, enclavez, ou voifins des Etats du Duc, participeront à la liberté, réciprocité & mutuelle communication en la maniere cy-devant énoncée; bien entendu que les Villes, lieux & pays dépendans de l'Intendance de Champagne, qui font pourtant de la Generalité de Metz pour le fait des Impofitions ordinaires, demeurent exceptez, comme du paffé du benefice defdits réciprocité & concordats.

Art. XXXVII.

Tous lefdits Sujets de part & d'autre pourront librement & en tout temps tirer & tranfporter les fruits,
vivres & denrées de leur cru & concru de l'un defdits
pays à l'autre, excepté en cas de difette fi confiderable, que fi les Fermiers ou Cultivateurs des heritages
payant à leurs Maîtres en grains le prix de leurs Baux
ou adminiftrations vulgairement appellé Canon, il ne
reftât pas aufdits Fermiers des grains en fuffifance pour
réenfemencer les terres affermées, en ce cas les Proprietaires feront obligez de leur laiffer les femences neceffaires, fauf à les reprendre par préference & privilege à la recolte fuivante.

Art. XXXVIII.

Pourront auffi les Sujets des deux pays, acheter,
commercer & tranfporter toutes efpeces de fruits, vivres & denrées autres que de leur cru & concru ré ci-
proquement, comme bon leur femblera, à condition
néanmoins qu'en cas de difette confiderable, il ne leur
fera pas permis de faire fortir defdits deux pays, les
chofes neceffaires à la vie, qu'ils y auront acheté ou
commercé pour les envoyer dans aucuns autres pays
quels qu'ils foient, lefquels pays audit cas de difette,
font par le prefent Traité réputez Etrangers, par rapport aux pays de la Generalité de Metz compris dans
le prefent Traité, & aux Etats de fadite Alteffe Royale,
l'intention de ce concert de réciprocité, n'étant que po r
fubvenir en cas de difette aux befoins & à la confommation naturelle defdits deux pays.

Art. XXXIX.

Les Habitans defdits pays auront la faculté de tranfporter d'un pays à l'autre franchement & librement en

tout temps, même en cas de difette, les gerbes de grains, les foins, les raifins ou vendanges & autres fruits qu'ils recueilleront en efpece fur les heritages dont ils font Proprietaires, Fermiers ou Cultivateurs, fituez dans les Bans & Finages dépendans de l'un ou de l'autre pays, lorfque lefdits heritages feront partie & feront dans la proximité des Métairies, Fermes, Gagnages & Terres, dont le Corps ou le Gros fera fitué en celuy de l'autre Etat ou Pays où refide le Sujet qui en voudra faire le tranfport, fans que pour raifon d'iceluy, il puiffe être affujetti à aucune forte de droit.

Art. XL.

La même liberté & faculté fubfiftera pour tous les fruits, vivres & denrées que les Sujets de chacun defdits Etats & Pays auront de leur cru & concru és biens qui leur appartiennent, ou qu'ils tiendront à ferme ou à loyer dans le détroit du Territoire particulier où ils feront leurs refidences, lefquels fruits, vivres & denrées ils pourront librement tranfporter d'un lieu dudit pays à l'autre, quand bien même dans ce tranfport ils pafferoient accidentellement fur quelques parties du Territoire de l'autre Etat & Pays, comme Territoire emprunté, fans que pour raifon de ce paffage, il puiffe être exigé aucun droit quel qu'il foit.

Art. XLI.

Il a été convenu que les anciens Peages des Etats & Pays du Duc de Lorraine, font les droits de Haut-conduit fpecifiez dans fa Declaration du mois d'Août 1704. fondée fur les anciennes Ordonnances, Reglemens & Tarifs de fes prédéceffeurs, fuivant laquelle Declaration tous lefdits Sujets de la Generalité de Metz compris au prefent Traité, payeront le droit de Haut-conduit, à la referve de ceux qui feront compris dans les Articles 43. 44. 45. 46. & 47. cy-après, qui ne le payeront que fuivant les modifications y énoncées, & en confequence les Bureaux établis tant avant que depuis ladite Declaration , & tous les autres que fadite Alteffe Royale & fes fucceffeurs ou leurs Fermiers Generaux trouveront à propos d'établir ou de changer dans la fuite pour la perception defdits droits fubfifteront , à condition toutesfois que le droit de Haut-conduit ne fera levé qu'une feule fois dans chacun des cinq diftricts ou départemens qui font la divifion de fon pays, conformément à ladite Declaration , au moyen de quoy il ne fera donné aucun empêchement aux Voituriers ou Conducteurs de marchandifes ou denrées fujettes à ce droit ; lorfqu'ils l'auront payé au premier Bureau du diftrict où ils pafferont , en répréfentant aux Commis des autres Bureaux du même diftrict fur la route , l'acquit de paye du Bureau où ils auront acquitté le droit.

Art. X.LII.

Les acquits de paye de Haut-conduit feront expediez fous les noms des Voituriers & Conducteurs defdites marchandifes & denrées , & il ne fera délivré qu'un acquit pour toutes celles qui feront comprifes dans une feule Lettre de Voiture , & fous la conduite d'un même Voiturier.

Art. XLIII.

.Les Traitez & conventions paffées en 1614. 1615. & autres années entre les Evêques de Metz & les Ducs de Lorraine, font confirmez par le Prefent ; & en conformité de ce qui y eft porté, les Sujets & Habitans de l'Evêché de Metz , feront exempts des droits de Haut-conduit pour tous les grains, foins, pailles & bois provenant de leur cru & concru , foit en les tranfportant des Païs du Duc dans ledit Evêché, pour les y confommer , foit dudit Evêché dans les Païs de Sadite Alteſſe Royale pour les y commercer,mais ils feront feulement aſſujettis au droit de haut conduit pour les fruits , denrées & effets qui leur proviendront d'achat , commerce, ferme , ou admodiation qu'ils auront faits tant dans leſdits Païs de l'Evêché & de Lorraine que hors d'iceux , ſuivant les Tarifs reglez par leſdits Traitez pour les diſtricts de Châteaufalin , de Nancy & de Salin l'Etape, y énoncez fous les dénominations de Salone , Drouville & de Domepure , & ce pour les choſes marquées auſdits Tarifs feulement.

Art. XLIV.

Tous les Sujets & Habitans de la Ville de Phalſbourg , des Villages & dépendances de la Principauté dudit Phalſbourg , cedez au Roy tant par ledit Traité du dernier Fevrier 1661. que par le préſent , les Habitans de la Ville de Saarbourg , des Villages de Niderſvviler & autres compris dans la route de Metz audit Phalſbourg , formée en execution du même Traité de 1661. font faits participans des diſtinctions & avantages acquis dans les Etats du Duc aux Sujets & Habitans de l'ancien territoire de l'Evêché de Metz , par les conventions d'entre les Evêques de Metz & les Ducs de Lorraine , moyennant quoi la réciprocité y ſtipulée en faveur des Sujets deſdits Ducs , dans ledit Evêché de Metz , fera à leur égard pareillement pratiquée dans leſditesVilles & lieux de Phalſbourg , Saarbourg , Niderſvviler & autres énoncez au préſent Article.

Art. XLV.

LES Bourgeois & Habitans de la Ville de Toul &

Pais Toulois, demeureront exempts & déchargez des droits de haut conduit de Saint Epure, dont le Bureau est transferé à Gondreville dans tout son district pour toutes sortes de fruits, denrées & marchandises necessaires à leurs propres besoins, & consommation dans ladite Ville & Païs Toulois. Seront encore lesdits Bourgeois & Habitans exempts de tout droit de haut conduit dans les quatre autres districts pour les fruits & denrées de leur cru, & concru qu'ils transporteront des Etats du Duc dans ladite Ville de Toul, & Païs Toulois, pour y être consommez, & réciproquement les Sujets dudit Duc seront exempts de tous droits pour le transport ou passage des fruits & denrées de leur cru & concru qu'ils transporteront desdites Villes de Toul & Païs Toulois dans les Etats de Sadite Altesse Royale, pour y être pareillement consommez; mais les Bourgeois & Habitans de la Ville & Païs Toulois, resteront comme du passé Sujets au droit de haut conduit pour les fruits, denrées & marchandises qu'ils feront passer par les Etats du Duc pour les transporter ailleurs que chez eux, & réciproproquement les Sujets de Son Altesse Royale payeront les anciens droits à Toul & Païs Toulois dans ce dernier & pareil cas.

Art. XLVI.

Il ne sera exigé ni perçu aucun droit de haut conduit sur les menues denrées qui seront portées en la Ville de Verdun pour y être consommées, soit qu'on les porte à bras ou à hottées, ou qu'elles y soient voiturées par Chevaux, Asnes, Chars, & Charettes, comme Braise, Charbon, Fagots, Bois de Chauffage, Volailles, Poissons, Pommes, Poires, & autres menus fruits qui paroîtront visiblement être destinez à l'usage des Bourgeois & Habitans de la même Ville.

ART. XLVII.

ET en ce qui concerne les anciens droits, que les Sujets dudit Duc seront obligez & tenus de payer dans les trois Evêchez & autres Villes & lieux de la Generalité de Metz, compris au présent Traité, lesquels droits il est necessaire de constater pour prévenir toutes difficultez tant par rapport aux origines & aux differens établissemens desdits droits, qu'aux époques des anciens concordats; il a été convenu que pour les Villes & Lieux des trois Evêchez & Terre de Gorze, ces droits seront fixez & arrêtez sur le pied de l'usage de l'année 1600. dont on dressera des Tarifs par Commissaires de part & d'autre sur les Titres, Documens, Registres, & renseignemens ou usages à rapporter par les Villes & lieux des trois Evêchez & de la Terre de Gorze.

Et à l'égard des anciens droits du Roy, ou des Villes dans les Païs & lieux cedez par l'Espagne à la Couronne de France, & qui sont joints à la Generalité de Mets, ils seront fixez à l'époque de l'année 1642. sur les Titres, Registres, Tarifs, Renseignemens, & usages à rapporter par les Fermiers du Roy, leurs Preposez ou Commis, & par les Officiers des Villes.

Au cas qu'il plaise au Roy de faire cy-après percevoir les anciens peages de Lorraine dans les lieux cedez à Sa Majesté par les Ducs, ils seront fixez comme il ensuit dans les Villes de Longvvy, Marville, Saarlouis, & Sierck, & Villages & lieux en dépendans, qui y sont sous la domination de France. Sçavoir que les Sujets de Lorraine résidens dans le district ou département dud. haut conduit du Barrois, ne payeront point le droit du haut conduit dans Longvvy, Marville & dépendances, & réciproquement les Sujets du Roy desdites Villes de Long-vvy

vvy, Marville, & dépendances, feront exempts du haut
conduit du Barrois dans tout fon diftrict, mais le furplus des Sujets du Duc venant efdites Villes de Longvvy, Marville & dépendances, payeront le haut conduit du Barrois.

Les Sujets de Sadite Alteffe Royale réfidans dans
l'étendue du haut conduit de Châteaufalin, ne payeront pas le droit d'icelui dans les Villes de Saarlouis,
Sierck, & leurs dépendances, & réciproquement les
Sujets du Roy defdites Villes de Saarlouis, Sierck, &
dépendances feront exempts du droit de haut conduit
de Châteaufalin dans tout fon diftrict; mais le furplus
des Sujets de Lorraine venant efdites Villes de Saarlouis, Sierck, & dépendances, payeront le haut conduit de Châteaufalin, le tout fuivant que les droits de
Haut-conduit du Barrois & de Châteaufalin font énoncez dans la Déclaration de Lorraine du mois d'Aouft
1704. à l'exception neanmoins des cas portez aux Articles XXXIX. & XL. du préfent Traité, pour lefquels
les Sujets des deux Souverains demeurent réciproquement exempts de tous peages & droits.

Art. XLVIII.

Les Sujets de Son Alteffe Royale qui voudront dépofer leurs Bois fur le Port de la Riviere de Mozelle
près la Ville de Toul, y payeront les droits de la Ville
fur ledit Port, tant & fi longtems qu'ils voudront s'en
fervir feulement.

Art. XLIX.

Outre les droits anciens de Lorraine cy-devant fpecifiez, que les Sujets des trois Evêchez & des Païs dépendans de la Generalité de Metz, compris dans le préfent
Traité, doivent payer dans les Etats du Duc, ils feront
encore obligez de payer tous les autres droits y établis,

foit d'entrée & iffue Foraine, de traverfe, & autres pour les vivres, denrées & marchandifes qui ne feront defti-nez à leurs befoins & confommations naturels, mais dont ils feront commerce, & qu'ils voudront tranfporter ailleurs que dans lefdits Païs de la Generalité de Metz.

Art. L.

Le Traité ou Concordat du 18. Juin 1604. fubfiftera felon fa forme & teneur, & demeurera commun avec tous lefdits Sujets ; lefquels en confequence feront obligez de prendre des acquits à caution dans les Bureaux où ils chargeront s'il y en a d'établis, finon au premier Bureau plus prochain de leur paffage, pour les vivres, denrées & marchandifes qu'ils deftineront à l'ufage & confommation de l'un ou de l'autre defdits deux Païs, lefquels acquits à caution feront expediez fans déballer, fous le nom de chaque Proprietaire & Marchand qui fera entrer, paffer, ou fortir lefdites vivres, denrées & marchandifes, & non fous le nom des voituriers & conducteurs d'icelles. Pour l'effet duquel acquit à caution, ils donneront gages ou caution de renvoyer dans quinze jours ou trois femaines au plus tard lefdits acquits, certifiez par l'un des Officiers qui fera commis à ce fujet dans chacun Hôtel de Ville defdits Etats & Païs, & par le Maire ou principal Officier des Bourgs, Villages & autres lieux où les déchargemens auront été faits, portant que les vivres, denrées & marchandifes mentionnées & déclarées efdits acquits à caution, y auront été déchargées pour y être diftribuées fans fraude ; & fera l'émolument des Commis des Bureaux fixé à quatre gros, faifant trois fols tournois pour la délivrance, réception & décharges de chacun defdits acquits à caution.

Art. LI.

Les Habitans de l'Evêché de Metz, seront suivant le Traité du 25. Septembre 1610. dispensez de prendre dans les Etats du Duc des acquits à caution en la forme portée en l'article précedent, de même que ceux de la Principauté de Phalsbourg, de Saarbourg, Nidersvviler, & des lieux compris en la route de Metz à Phalsbourg, reglée en execution du Traité de 1661. à la charge neanmoins de donner par les uns & par les autres aux Commis du premier Bureau des Etats de Lorraine où ils chargeront, ou dans le plus prochain de leur passage, un Certificat écrit & signé d'eux ou d'un Tabellion, portant déclaration de la quantité & qualité des denrées & marchandises sujetes ausdits impôts qu'ils y auront chargées, ou fait passer pour les transporter dans les Terres de l'Evêché de Metz, Principauté de Phalsbourg, Saarbourg, Nidersvviller & autres lieux de ladite route, avec promesse de rapporter témoignage d'un Officier de l'Hôtel de Ville ou de Justice, dans quarante jours, d'y avoir conduit & déchargé lesdites denrées & marchandises, moyennant lequel certificat le Commis du Bureau Lorrain leur délivrera un Passavant sans frais, qui sera renvoyé avec ledit Certificat & témoignage de déchargement.

Art. LII.

Les Sujets des trois Evêchez & des Païs de la Generalité de Metz, cy-devant désignez, qui feront embarquer au Crosne de Nancy, & voiturer par eau dudit Nancy à Metz des effets, denrées & marchandises, feront tenus outre les droits du Haut-conduit de Nancy & des autres districts, selon les differens cas cy-devant expliquez & déterminez, de payer encore pour le droit du Crosne, ce qui est porté au Tarif de 1666. ainsi que 'e

payent les propres Sujets du Duc & tous autres, moyennant quoi lesdits Sujets des trois Evéchez & des Païs
de la Generalité, ne payeront pas le Haut-conduit du
Barrois, en passant par eau és Villes & lieux où la Riviere de Mozelle touche aux Terres du Barrois entre
Nancy & Metz.

Art. LIII.

Il en sera de même pour les effets, denrées ou marchandises que les mêmes Sujets feront embarquer à Metz
pour les amener sur ladite Riviere à Nancy, pour lesquelles ils ne payeront rien en passant sur le district du
Haut-conduit du Barrois, mais ils payeront le Haut-
conduit de Nancy, & les droits de Crosne en y arrivant.

Art. LIV.

A l'égard des effets, denrées & marchandises que les
mêmes sujets voudront embarquer sur la Mozelle dans
les lieux du district du Haut-conduit du Barrois qui sont
entre les Villes de Nancy & de Metz, ou qui après avoir
été embarquez à Nancy ou à Metz, seroient déchargées en
chemin dans l'étendue du même district du Haut-conduit du Barrois, lesdits Sujets seront obligez de payer le
droit dudit Haut-conduit du Barrois par rapport aux
Chars, Charrettes & chevallées qui auront transporté
lesdits effets, denrées & marchandises sur ou depuis les
bords de ladite Riviere, à la réserve neanmoins que pour
les denrées provenans du cru & concru des Habitans de
l'Evêché de Metz, Principauté de Phalsbourg, de Saarbourg, Nidersvviler & autres lieux de la route de Metz
à Phalsbourg, destinées à leur consommation, pour lesquelles suivant les articles 43. & 44. cy-devant, ils sont
exempts de payer aucun Haut-conduit, ils seront au
cas susdit pareillement dispensez de payer celuy du
Barrois; il en sera de même pour les Habitans des Vil-

les de Longwy, Marville & dépendances, lesquels suivant l'Article XLVII. cy-devant, sont exempts du Haut-
conduit du Barrois.

A r t. L V.

LA situation des trois Evêchez & des Etats du Duc,
leur voisinage & enclaves mutuels, les alliances des Fa-
milles, la conformité des mœurs, & presque des Loix
& autres considerations, ayant cy-devant donné lieu à
établir, de l'autorité & agrément des deux Souverains,
une réciprocité d'hipotheques des Actes publics passez
dans l'un & dans l'autre pays, qui subsiste entre plusieurs parties d'iceux à l'avantage des Sujets, il a été convenu que cette réciprocité d'hipotheques sera étendue
pour l'avenir dans toutes les parties des Pays de la Generalité de Metz comprises en ce Traité, & dans toutes
les parties des Etats dudit Duc; & en consequence que
tous les Actes publics, soit Arrêts, Jugemens, Sentences, Contrats, & tous autres instrumens qui seront cy-
après passez par ou devant les Tribunaux & Officiers de
Justice temporelle, Notaires, Tabellions, Gardenottes
& Greffiers desdits deux Pays, emporteront réciproquement pareils hipotheques dans les mêmes pays, & tel-
les qu'ils les auroient selon les Loix dans les lieux où
ces Actes auroient dû être passez naturellement avant
la presente convention, à condition néanmoins que les
droits de Seaux, ou de Bullette dûs pour les Contrats
réels, seront payez dans les lieux où seront situez les
heritages & biens fonds qui auront donné lieu aux Contrats & Actes.

A r t. L V I.

AU surplus, tous les autres Traitez ou Concordats
cy-devant faits entre lesdits Etats & Pays, seront obser-
vez & executez en ce qui ne s'y trouvera pas de chan-
gé ou dérogé par le Present.

Art. LVII.

Les Sujets du Roy de la Prevôté de Vaucouleurs &
dépendances, ne payeront aucun droit, pas même de
Haut-conduit, pour les denrées & marchandises provenant des Terres de la domination de Sa Majesté, qu'ils
feront passer & traverser sur celles du Duc pour la consommation de ladite Prevôté & dépendances, non plus
que pour celles qu'ils transporteront de ladite Prevôté
& dépendances dans lesdites Terres du Roy, & réciproquement les Sujets de son Altesse Royale, ne seront tenus de payer aucun droit dans ladite Prevôté & dépendances pour le passage & la traverse qu'ils y feront de
leurs denrées & marchandises provenant des Etats dudit Duc, & qu'ils y porteront pour leur consommation.

Art. LVIII.

Les Sujets du Duc ou autres lesquels venant des Pays
Etrangers dans ceux de sadite Altesse Royale, auront à
emprunter les Terres des Etats & Pays de la Generalité de Metz compris en ce Traité, pour conduire & voiturer dans lesdits Etats du Duc des marchandises des
Indes, de la Chine, du Levant, & autres Pays ou Manufactures Etrangeres dont le Roy a jugé à propos de
défendre l'entrée, le port, l'usage, debit & commerce
dans ses Etats, par Arrêt de son Conseil du 27. Août
1709. & autres que Sa Majesté & ses successeurs pourroient défendre à l'avenir, seront tenus de declarer à la
premiere Ville ou lieu de la domination de France sur
leur passage au Bureau des Fermes, s'il y en a ; & s'il
n'y en a pas, au Commis ou Préposé dans chacun des
lieux cy-après specifiez, le nombre des Tonneaux, Balots, Caisses ou Paquets contenant lesdites marchandises qu'ils auront à faire entrer, traverser & passer sur
lesdites Terres de la Generalité de Metz, & de les y

faire plomber, afin que pendant ledit tranſport, il ne puiſſe rien être tiré deſdits Tonneaux, Balots, Caiſſes ou Paquets. Ils feront en outre tenus d'y prendre un Acte ou acquit à caution, par lequel le Marchand ou Voiturier deſdites marchandiſes s'obligera de rapporter ou renvoyer dans quarante jours au même Bureau, Prépoſé ou Commis, un Certificat écrit au dos dudit Acte ou acquit à caution, par lequel le principal Officier de l'Hôtel de Ville ou du lieu des pays du Duc pour lequel les marchandiſes feront deſtinées, certifiera qu'elles y auront été déchargées avec les plombs entiers & en bon état; & à faute par les Marchands ou Voituriers de ſatisfaire aux formalitez du preſent Article, ils feront condamnez en cinq cens livres d'amende, & leſdites marchandiſes défendues, enſemble les chevaux & équipages qui les auront conduit, declarez acquis & confiſquez au Roy.

Art. LIX.

Lesdits Marchands ou Voituriers feront obligez, s'ils en ſont requis, de répreſenter aux Commis des autres Bureaux de Sa Majeſté, s'il y en a ſur leur paſſage, leſdits Tonneaux, Balots, Caiſſes ou Pacquets plombez en bon état, enſemble ledit acquit à caution ſur lequel leſdits Commis mettront leur *viſa*, ſi bon leur ſemble. Leſdits Marchands ou Voituriers feront encore pareilles répreſentations, s'ils en ſont requis en chemin par les Commis Ambulans, ou Roulans en campagne pour le ſervice des Fermes de Sa Majeſté, ſans obligation néanmoins de prendre leur *viſa*.

Art. LX.

Si par cas fortuit leſdits Marchands ou Voituriers ſe trouvent obligez de ſéjourner ou de décharger leſdites

marchandifes en route, il leur fera permis de le faire,
à condition de les dépofer dans les Bureaux des Fermes
du Roy, s'il y en a dans le lieu, finon dans le poids
des Villes & lieux publics où l'on a accoûtumé de dépofer les marchandifes; & à défaut de lieux publics def-
tinez à cet effet, ils les dépoferont chez un notable Ha-
bitant, & en feront fur le champ leur declaration aux
Subdeleguez de l'Intendance de Metz, dans les Villes
où il y en aura, finon au Sindic, Mayeur, ou principal
Officier du lieu qui leur en donnera Acte.

Art. LXI.

Lesdits Marchands ou Voituriers ne feront obligez
de payer aucune chofe pour la fourniture des cordes ou
ficelles, plombs, fabrication ou impreffion defdits plombs,
non plus que pour la confection, expedition & recep-
tion defdits acquits à caution & *vifa* d'iceux, ni même
pour lefdits Certificats ou Actes de dépôt en cas fortuit,
à tout quoy les Commis des Bureaux de Sa Majefté &
autres Prépofez, enfemble les Officiers feront obligez
de fournir & vaquer inceffamment avec diligence &
de bonne foy, enforte que lefdits Marchands & Voituriers n'en reçoivent aucun retardement ni intereft par
affectation. ## Art. LXII.

Et pour plus ample explication de l'Article LVIII.
cy-devant, les lieux où lefdits Marchands & Voituriers
devront faire leur declaration & plomber, feront quant
à prefent les cy-après nommez; fçavoir, dans la route
de Verdun, le premier Bureau fera réputé à Coufon-
voy, Mouzon & Verdun, au choix defdits Marchands
& Voituriers; & comme la Ferme generale de France
n'a aucun Bureau dans les routes cy-après, il a été convenu que pour lefdites routes, il fera établi par le Sieur
Intendant de Metz des Commis ou Prépofez pour re-
cevoir

cevoir les declarations & plomber ; fçavoir , pour la route d'Arlon , un en la Ville baſſe de Longwy ; pour la routedeLuxembourg,un dans laVilledeThionville;pour la route par eau ſur la Mozelle , un en la Ville de Sierk ; pour la route par eau ſur la Saare , un à Valdrevange; pour la route de Francfort à Metz , un en la Ville de Metz ; pour la route de Sarbruck par Saint-Avold & Pont de pierre , un au Village de Theting ; & à l'égard de la route de Vic pour la haute Lorraine , un en la Ville de Vic , ſauf à fixer encore cy-après de concert , d'autres lieux pour declarer & plomber, ou à en changer pareillement quelques-uns de ceux cy-deſſus énoncez, s'il eſt jugé neceſſaire.   A R T. LXIII.

LESDITS Marchands & Voituriers ne pourront être réputez en fraude avant que leſdits Bureaux ou Prépoſez ſoient établis , & en état de plomber, & après qu'ils l'auront été , leſdits Marchands & Voituriers ne ſeront cenſez être en fraude, quelques routes qu'ils ayent tenues , qu'après qu'ils auront paſſé les détroits des lieux de l'établiſſement deſdits Bureaux ou Prépoſez, ſans y avoir fait declaration & plomber ; mais s'ils ſont rencontrés après en avoir paſſé le détroit, ſans y avoir fait declaration & plomber leurs Tonneaux, Balots, Caiſſes & Pacquets de marchandiſes défendues , ou ſi les plombs s'en trouvent alterés ou rompus, leſdits Marchands & Voituriers ſeront réputés en fraude & Sujets aux peines déclarées en l'Article LVIII. cy-devant.

A R T. LXIV.

E N cas que dans la ſuite ſon Alteſſe Royale ou les Ducs ſes ſucceſſeurs trouveroient à propos de défendre dans leurs Etats & Pays, certaines eſpeçes de marchandiſes , les Marchands ou Voituriers Sujets du Roy , ou autres qui voudroient y en faire paſſer & traverſer, ſe-

G

ront obligez aux mêmes précautions que celles cy-devant énoncées, à l'effet de quoy l'on conviendra pour lors de bonne foy par Commissaires respectifs, des Bureaux où elles seront declarées & plombées sous les mêmes peines.

Art. LXV.

Les délits & mésus commis és Bois & Forests appartenans au Duc situez dans l'Evêché de Metz, seront conformément aux Concordats passez entre les Ducs de Lorraine, & les Evêques de Metz és années 1603. 1615. 1621. & autres, poursuivis & jugez sans appel pardevant les Juges communs du Sieur Evèque de Metz, ou de ses Vassaux d'une part, & un Officier des Salines de Lorraine, chacun dans son district, d'autre part, sans qu'aucun autre Tribunal superieur ou inferieur, quel qu'il soit, puisse en connoître, sauf aux Parties dans le cas de dény de Justice ou de nullité de Jugemens, à se pourvoir en recours pardevers les Commissaires qui seront nommez par Sa Majesté & par son Altesse Royale, pour connoître en dernier ressort desdits deux cas seulement.

Art. LXVI.

La même chose sera observée pour les Bois & Forêts appartenans au Duc, situez sur les lieux compris dans la route désignée en 1661. de Metz à Phalsbourg, dont les Habitans par le present Traité sont rendus participans des avantages particuliers acquis aux Sujets de l'Evêché de Metz dans les pays de Lorraine, par les conventions faites entre les Ducs de Lorraine & les Evêques de Metz. Et en consequence, les délits & mésus qui seront commis esdits Bois & Forêts, seront poursuivis & jugez sans appel par le Commissaire que Sa Majesté ou ses Vassaux Seigneurs desdits lieux nommeront, & par l'un des Officiers des Salines de Lorraine, sauf les deux cas de recours qui feront exercez fuivant qu'il eft porté en l'Article précedent.

ART. LXVII.

Pour maintenir le bon ordre public réciproquement entre les Pays de la Generalité de Metz compris dans ce prefent Traité & ceux du Duc, il eft convenu qu'à l'imitation de ce qui eft porté au Concordat de 1615. entre l'Evêché de Metz & la Lorraine, les Juges refpectifs defdits Pays de la Generalité de Metz & des Etats de fadite Alteffe Royale, feront tenus d'accorder *pareatis*, tant pour affigner les délinquans és Forêts de l'un defdits Etats & Pays, quoique refidans dans l'autre, dans le cas où la procedure ne fera pourfuivie que civilement. Les mêmes *pareatis* feront auffi accordez fans difficulté pour l'execution des Jugemens qui pourroient être rendus en confequence, tant en premiere Inftance qu'en Caufe d'appel.

ART. LXVIII.

Le préfent Traité fera ratifié & approuvé par Sa Majefté & par fon Alteffe Royale, & les Ratifications feront délivrées dans le terme de trois femaines, ou plûtôt, fi faire fe peut, à compter du jour de la fignature.

En foy de quoy Nous Commiffaires de Sa Majefté & de fadite Alteffe Royale, & fous leurs bons plaifirs, en vertu de nos Commiffions & Pleins-pouvoirs refpectifs, avons efdits noms figné ces Prefentes de nos feings ordinaires, & à icelles fait appofer les cachets de nos Armes. A Paris le vingt-un Janvier mil fept cens dix-huit.

(*L.S.*) De Barberie   (*L.S.*) J. B. Mahuet. De Saint-Contest.

(*L.S.*) Le Fevre d'Ormesson.   (*L.S.*) F. Barrois.

NOUS ayant agreable le ſuſdit Traité en tous & chacun les Points & Articles qui y ſont contenus & declarez, avons de l'avis de nôtre tres-cher & tres-amé Oncle le Duc d'Orleans, Regent de nôtre Royaume, iceux tant pour Nous, que pour nos Heritiers, Succeſſeurs, Royaumes, Pays, Terres, Seigneuries & Sujets, accepté, approuvé, ratifié & confirmé, & par ces Preſentes ſignées de nôtre main, acceptons, approuvons, ratifions & confirmons, & le tout promettons en foy & parole de Roy, garder & obſerver inviolablement, ſans jamais aller ni venir au contraire, directement ou indirectement, en quelque ſorte & maniere que ce ſoit ; en témoin de quoy nous avons fait mettre nôtre Scel à ceſdites Preſentes. Donné à Paris le trente-un Janvier l'an de grace mil ſept cens dix-huit, & de nôtre Regne le troiſiéme. Signé, LOUIS. *Et plus bas*, par le Roy ; LE DUC D'ORLEANS Regent, preſent. Signé, PHELYPEAUX. Et ſcellé du grand Sceau de cire jaune ſur lacs ou cordons de ſoye bleue treſſez d'or ; le Sceau enfermé dans une boete d'argent, ſur le deſſus de laquelle ſont empreintes & gravées les Armes de France & de Navarre ſous un Pavillon Royal, ſoûtenu par deux Anges.

PLEIN-POUVOIR DU ROY.

LOUIS PAR LA GRACE DE DIEU, ROY DE FRANCE ET DE NAVARRE : à nôtre amé & féal le Sieur de Barberie de ſaint-Conteſt, Maître des Requêtes Ordinaire de notre Hôtel, nôtre Conſeiller en nôtre Conſeil de la guerre ; Et à nôtre auſſi amé & féal le Sieur d'Ormeſſon, Maître des Requêtes ordinaire de nôtre Hôtel, nôtre Conſeiller en nôtre Conſeil de Finances : SALUT. Le feu Roi nôtre très-honoré Seigneur & Biſayeul de glorieuſe Mémoire, aïant toûjours

voulu fincerement & de bonne foy, executer les articles du
Traité conclu à Rifvvick, le 20. Septembre 1697. entre Sa
Majefté, l'Empereur & l'Empire, qui regardent les interêts
de nôtre très cher & très-amé frere le Duc de Lorraine ; en
auroit renouvellé l'affurance par l'Article XII. du Traité conclu à Baden, le 7. Septembre 1714. auffi entre le feu Roy,
l'Empereur & l'Empire : Voulant pareillement nous confor-
mer à fes intentions, & nous confiant entierement en vôtre
fidelité, auffi-bien qu'en vôtre zele, & en la capacité dont
vous avez donné des preuves dans les Emplois que vous avez
rempli : Pour ces caufes & autres, à ce Nous mouvant, de
l'Avis de nôtre très-cher & très amé Oncle le Duc d'Orléans, Regent, Nous vous avons commis, ordonné & député ; & par ces préfentes, fignées de notre main, commettons, ordonnons & députons, pour avec un ou plufieurs
Commiffaires, munis d'un pareil Pouvoir, de la part de notre-
dit frere le Duc de Lorraine ; regler, & conclure tous points
& articles qui reftent à terminer, conformément & en execution des Traitez de Rifvvick & de Baden : Et à cet effet,
Nous vous avons donné Plein pouvoir, Commiffion, & Mandement fpecial de traiter, ftipuler, promettre, conclure &
figner avec un, ou plufieurs Commiffaires de nôtredit frere,
tout ce que vous aviferez bon-être, conformément aux fufdits
Traitez. Promettant en foi & parole de Roy, d'avoir agréa-
ble & d'executer tout ce qui aura été par vous conclu &
arrêté, fans fouffrir qu'il foit allé directement ni indirectement au contraire : CAR tel eft notre plaifir. DONNE' à
Paris, le quatorziéme jour de Septembre l'an de grace mil
fept cent feize, & de nôtre Regne le deuxiéme ; *Signé*,
LOUIS, *& plus bas*, par le Roy, le Duc d'ORLEANS, Regent préfent. PHELYPEAUX.

PLEIN-POUVOIR DE M. LE DUC DE LORRAINE.

LEOPOLD PAR LA GRACE DE DIEU, DUC DE
LORRAINE ET DE BAR, &c. A nos très-chers & feaux
Confeillers en nos Confeils d'Etat & Privé, le Sieur Jean-
Baptifte Mahuet, Baron de Drouville, Premier Prefident,
en nôtre Cour Souveraine de Lorraine & Barrois, & nôtre

Envoyé Extraordinaire en Cour de France , & le Sieur François Barrois, Baron de Manonville , Premier Maître des Requêtes Ordinaire de nôtre Hôtel , & auſſi nôtre Envoyé Extraordinaire en ladite Cour , SALUT. Après la concluſion du Traité de Paix, paſſé & ſigné à Baden en Ergaw , le 7. Septembre 1714. entre l'Empereur , & l'Empire d'une part , & le feu Roy Très-Chrétien de glorieuſe Memoire d'autre. Nous avons fait réïterer nos inſtances à Sa Majeſté très Chrétienne, pour obtenir qu'il lui plaiſe, qu'il ſoit procédé à ce qui reſte à regler entre Elle & Nous, pour l'entier accompliſſement, en ce qui Nous regarde du Traité de Paix, conclu à Riſvvick, le 30. Octobre 1697. dont Elle nous avoit aſſuré l'execution par l'Article XII. dudit Traité de Baden ; comme auſſi pour les autres affaires qui eſtoient à terminer entre Elle & Nous : Et d'autant que Sa Majeſté Très-Chrétienne avoit eu égard à nos Inſtances, & que par ſa Commiſſion du 17. Janvier 1715. Elle avoit nommé & député le Sieur de Barberie de Saint-Conteſt , Conſeiller en ſes Conſeils , Maître des Requêtes Ordinaire de ſon Hôtel , Intendant de Juſtice, Police & Finances , en la Generalité de Metz , ci-devant ſon Ambaſſadeur Extraordinaire audit Traité de Baden , pour y proceder avec les Commiſſaires qui ſeroient nommez , & munis d'un Pouvoir ſuffiſant de nôtre part , & regler tous points & articles qui reſteroient à terminer , conformément & en execution deſdits Traitez de Riſvvick & de Baden : Nous vous avions Commis & Député pour cet effet par nôtre Commiſſion du 26. dudit mois de Janvier de ladite année 1715. mais parce que les Conferences que vous aviez commencé à ce ſujet en la Ville de Metz , avec ledit Sieur de Barberie de Saint-Conteſt , ont été interrompuës par le decès dudit Roy Très-Chrétien , arrivé le premier Septembre de ladite année 1715. Nous avons fait ſuplier Sa Majeſté très-Chrétienne, à preſent Regnante , de vouloir ordonner qu'elles ſeroient repriſes & continuées, à quoi Nous avons été informez qu'Elle a eu égard , aïant continué pour cet effet , ledit Sieur de Saint-Conteſt , dans la même Commiſſion : Et comme il nous eſt important d'avoir une déciſion ſur tous ces faits : Sçavoir, faiſons, qu'aïant une entiere confiance en vôtre fidelité , zele , & capacité , dont vous nous auriez donné des preuves dans les Commiſſions importantes que nous aurions confié à vos conduites. Pour ces caufes & autres, bonnes & juftes, à ce nous mouvant, Nous vous avons commis, nommé & député, & par ces prefentes, Nous vous commettons, nommons & députons, pour en nôtre nom, & en qualité de nos Commiffaires, agir, négocier, convenir, conclure, arrêter & figner avec ledit Sieur de Barberie de Saint-Conteft & tel autre Commiffaire qu'il plaira à Sa Majefté Très Chrétienne, de nommer, toutes les affaires qui ont été tenuës en furcéance, entre-Elle & Nous : Vous donnons pouvoir en vertu des Prefentes, ou à l'un de vous, en cas d'abfence, maladie, ou empêchement de l'autre, de convenir, négocier, conclure, arrêter, faire, promettre, accorder & figner tout ce que vous eftimerez neceffaire pour le fufdit effet, & pour le bien de nôtre fervice, avec la même autorité que nous pourrions faire, encore qu'il y eût quelque chofe qui requît un mandement plus fpecial non contenu dans cefdites Préfentes; Promettant en foi & parole de Prince, d'agréer & d'avoir pour ferme & ftable, tout ce qui aura été fait, négocié, conclu, arrêté, convenu, & figné en notre nom par vous, ou par l'un de vous d'eux en cas d'abfence, maladie ou empêchement de l'autre, & d'en faire expedier nos Lettres de Ratification en bonne & due forme dans le tems que vous aurez promis de les fournir : en témoin dequoi nous avons aufdites Préfentes fignées de notre main, & contrefignées par l'un de nos Confeillers Secretaires d'Etat, Commandemens & Finance, fait mettre & appendre notre grand Scel. DONNE' en notre Ville de Luneville, le vingt-fix Aouft mil fept cent feize. Signé, LEOPOLD : *& plus bas*, par S. A. R. Signé, MAHUET.

PRIVILEGE DU ROY.

LOUIS par la grace de Dieu, Roi de France & de Navarre, Dauphin de Viennois, Comte de Valentinois, Diois, Provence, Forcalquier & Terres adjacentes : A nos amez & feaux Confeillers les Gens tenans nos Cours de Parlemens, Baillifs, Senechaux, Prevofts, leurs Lieutenans, & tous autres nos Jufticiers & officiers qu'il appartiendra, Salut. Par nos Lettres Patentes données à Fontainebleau le dix Septembre 1699. Nous aurions accordé à nôtre amé & feal Confeiller-Secretaire, Maifon Couronne de France & de nos Finances, le Sieur ADAM, Tréforier general de nos Ambaffadeurs & Miniftres dans les Cours & Pays Etrangers, & l'un des Premiers & Principaux Commis de notre très-amé & feal Chevalier le Sieur Marquis de Torcy, Commandeur & Chancelier de nos Ordres, Miniftre & Secretaire d'Etat, le Privilege de faire imprimer non feulement le Traité de Treve par nous conclu le 19. Juin 1684, mais auffi tous les Traitez de Paix,

Tréves, Neutralicez, confédérations, Alliances, Commerce, Contrats de Mariage avec
& entre les Princes & Etats Etrangers qui ont été cy-devant conclus & fignez en notre
nom, ou qui feront cy-après, en François, Latin, ou autre langue, & de les faire traduire, les mettre en Recueils ou féparément, avec toutes les Pieces, Memoires, Manifeftes, & autres Actes concernant lefdits Traitez & Contrats de Mariage, & ce pendant
le tems de douze annnées. Mais comme ce terme eft expiré, & que nous voulons continuer à traiter favorablement ledit Sieur Adam : POUR CES CAUSES & autres à ce
Nous mouvans, Nous lui avons permis & permettons par ces Préfentes fignées de notre
main, de faire imprimer par tels Libraires & Imprimeurs qu'il voudra choifir, non feulement le Traité de Tréve conclu ledit jour 29. Juin 1684. mais auffi les Traitez de Paix
faits à Rifvvick és années 1697. & 1698. & tous autres Traitez de Paix, Tréves, Neutralitez,
Confédérations, Alliance, Commerce, Contrat de Mariage, Teftamens, & autres Articles
& Conventions avec Nous & entre les Princes & Etats Etrangers ; comme auffi tous les
Actes, Pieces, Manifeftes & Memoires concernant lefdits Traitez qui ont été ou qui
feront faits & reglez en confequence, & qui pourront y avoir rapport, avec liberté de les
faire traduire & mettre le tout en Recueil ou féparément, en telle marge, caractere ou
volume qu'il jugera à propos, à la réferve toutefois de ceux dont il y a des Privileges
particuliers, & ce pendant le tems & efpace de douze années confecutives, à compter
du jour & datte des Préfentes : Durant lequel nous faifons très-expreffes inhibitions &
défenfes à nos Imprimeurs ordinaires, Libraires & tous autres de notre Royaume, de
quelque qualité & condition qu'ils foient, d'imprimer lefdits Traitez, Contrats de Mariage, Articles, Conventions, Actes, Pieces & Memoires cy-deffus déclarez ou enten-
dus, ni de les vendre & débiter fous prétexte d'impreffion étrangere, diminution, aug-
mentation ou autrement, en quelque forte & maniere que ce puiffe être, fans le con-
fentement dudit Sieur Adam, ou de celui auquel il aura cedé fon Privilege, fur peine
de confifcation des Exemplaires contrefaits, quinze cens livres d'amende, dépens,
dommages & interêts ; à la charge de mettre deux Exemplaires de chacun dans notre
Bibliotheque, un en notre Cabinet des Livres de notre Château du Louvre, & un en celle
de notre très-cher & feal Chevalier Chancelier de France, le Sieur Phelypeaux Comte
de Pontchartrain, à peine de nullité des Préfentes, qui feront enregiftrées fur le Livre
de la Communauté des Libraires de Paris, & ce dans trois mois de ce jour. Du contenu
defquelles vous mandons & ordonnons de faire jouir ledit Sieur Adam, & celui auquel
il aura cedé fon Privilege pleinement & paifiblement. Voulons qu'en mettant au commencement ou à la fin des Impreffions ces Préfentes, elles foient tenues pour duement
fignifiées, & qu'aux Copies collationnées par l'un de nos amez & feaux Confeillers &
Secretaires, foi foit ajoûtée comme à l'original. Mandons en outre à notre amé & feal
Confeiller en notre Confeil d'Etat, & Lieutenant General de Police en la Prevôté &
Vicomté de Paris, le Sieur d'Argenfon, de tenir la main en tout ce qui regardera les
fonctions de fa Charge, à l'entiere & ponctuelle obfervation, de ces Préfentes, fans
fouffrir qu'il y foit contrevenu directement ni indirectement. Commandons auffi au
premier notre Huiffier ou Sergent fur ce requis, de faire pour raifon de ce toutes Signi-
fications, Défenfes, Saifies, & autres Actes neceffaires, fans pour ce demander autre
permiffion. CAR TEL EST NOTRE PLAISIR. Donné à Fontaiuebleau le premier
jour de Septembre, l'an de grace mil fept cens douze, & de notre Regne le foixante-
dixiéme. *Signé*, LOUIS. Et plus bas ; Par le Roy Dauphin, Comte de Provence,
COLBERT.

Regiftré fur le Regiftre N° 3. de la Communauté des Libraires & Imprimeurs de Pa-
ris, page 526. N°. 576. conformément aux Reglemens, & notamment à l'Arreft du treize
Aouft 1703. A Paris ce 17. Octobre 171 .

Signé, L. JOSSE, *Syndic*,

experience; fidelité e[t]
et autres louables qu[i]
et dont on nous a rendu
que pour reconnoitre e[t]
le recompenser des pein[es]
dans ses biens pendan[t]
considérant d'ailleurs ,
fait paroitre encore ...
au profit de la Ville p[our]
[ouvrage] leur 400e de[...]
contenter simplement
qui se sont attachés ,
quelque avantage et

Louis par la grace de Dieu Roy
de France et de Navarre à tous ceux qui ces presentes
lettres verront [...]
[...]
[...]
[...] pour retablir ce qui [...] observons aux ans 1690
[...] pourvoir [...]
[...]
[...]
[...] depuis le dernier renouvellement du Magistrat
de la dite Ville, Nous avons estimé ne pouvoir faire
pour cette fin, un meilleur choix que de nostre cher
et bien amé François Derlyons sieur de
Fontenelle Baron de Derlyons, tant pour la
confiance que nous avons en [...]
experience, fidelité et affection à nostre [...]
et autres louables qualitez qui [...] en sa personne,
et dont on nous a rendu [...] et fidel temoignage,
que pour reconnoistre en quelque façon, [...]
le recompenser des pertes considerables qu'il a souffert
dans ses biens pendant la derniere guerre;
considerant d'ailleurs que le desinteressement qu'il
fait paroistre en cette occasion, en offrant d'abandonner
au profit de la Ville pendant qu'il jouira de la [...]
[...] les [...] de droit de Robe, de se
contenter simplement des autres droits et emolumens
qui y sont attachez, [...]
quelque avantage et de quelque utilité [...]

Et elle pour ces causes et autres considérations à ce nous
mouvans de l'avis de notre... état, et...
... oncle duc d'Orléans, régent de notre...
nous avons au Sr de Lyonne de Fourcelle donné
et octroyé, donnons et octroyons par ces présentes
signées de notre main, ladite charge de...
de notredite ville et cité d'Arras, pour par lui
l'exercer en jouir et user aux honneurs autorités
prérogatives, prééminences, franchises, libertés
gages droits fruits profits... et émoluments tels
et ainsi qu'en ont joui ou du jour ceux qui en
ont été pourvus... année 1690...
... seulement les droits de robe qui
demeureront éteints et supprimés pendant qu'il exercera
ledit office... et est... qu'il nous plaira
... donnons en mandement à notre... seul
conseiller en son conseil... intendant de
notre province... de Flandre et d'Artois, que après
qu'il lui sera apparu des bonnes vie mœurs
conversation et Religion Catholique apostolique
et Romaine dudit Sr de Lyonne de Fourcelle
et qu'il aura de lui pris les Serments en tel cas requis
et accoutumés, le mettre et installer en possession et
jouissance dudit office, et l'y faire jouir aux y appartenant
droits et émoluments y appartenant sans lui donner
ni permettre qu'il lui soit donné aucun trouble...

de nostred. Ville et Cité d'Arras, pour en par luy
les exercer en jouir et user aux honneurs, autoritéz,
prerogatives, preeminences, franchises, libertéz,
gages, droits, fruits, profits, revenus et emoluments tels
et ainsy qu'en ont jouy ou du jouir ceux qui en
ont esté pourveuz avant ladite année 1670 à la
reserve seulement dud. droit de Robe qui
demeurera eteint et supprimé pendant qu'il exercera
led. office entierement et autant qu'il nous plaira.
Si donnons en mandement à nostre amé et feal
Conseiller en nos Conseils le sieur Intendant de
nos Province et Généralité d'Artois, qu'après
qu'il luy sera apparu des bonnes vie, moeurs,
conversation, et Religion Catholique apostolique
et Romaine dud. sieur d'Erlyonet dit Fontenelle
et qu'il aura de luy prins le serment en tel cas requis
et accoutumé, il l'establisse et institue, en proprieté et
jouissance dud. office, et le fasse jouir aux honneurs,
droits et emoluments y appartenans sans luy donner
ny permettre qu'il luy soit donné aucun trouble

de ce jourd'huy. Nous avons
debvons requis et avons
exercer lesd. offices de Magr
d'Arras et en consequence
et exercice dud. office pour et
afes prouisions et ordonné
par les lettres en datte
huit de febvrier mil sept
Ordonnance

ny empeschement au contraire. Car tel est nostre
plaisir. En tesmoing de quoy nous avons faict mettre
nostre seel au cedites presentes. Donné a
Paris le Trenze huis Jour dernier de Janvier
lere d'egrace mil sept cent dix huis et de nostre
Reigne le troisieme signé Louis, et sur le reply
par le Roy le duc d'Orleans present.
L'hespgrimeaux, et aussy sur le reply est escrit. Vu
la Requeste a nous presentée par les Sieur de Lyon
les Ordres de P. C. L. R portés par la lettre de Mr
le Marquis de la Brilliere du 16 decembre qui
nous presente de resumer les nomens dudg D'eslyans,
quoy quablen de nostre departemen, nonobstans les
formalites ordinaires, L'information de vie es mœurs
de cen jourd'huy. Nous avons reçu le nomme dudg sieur
d'esbyons requis et auroutans de bien et fidellemen
execute les offices de Mayeur de la ville et Cité
d'Arras et moinsquence lauone enuoyé en possession,
et exercice dudg office pour en jouir conformemen
a ses prouisions et ordonnons qu'il y sera installé
par les citquens en charge faict a prouoir les
huis de Janvier mil sept cent dix huis signe
P. Cormuau

9 782329 596686